JN438471

그린썸

이옥순 수필집
그린썸

인쇄 2021년 11월 1일
발행 2021년 11월 8일

지은이 이옥순
발행인 서정환
펴낸곳 수필과비평사
주소 서울시 종로구 삼일대로 32길 36(익선동 30-6 운현신화타워) 305호
전화 (02)3675-3885, (063)275-4000, 0484
팩스 (063) 274-3131
이메일 essay321@hanmail.net
출판등록 제300-2013-133호
인쇄 · 제본 신아출판사

저작권자 ⓒ 2021, 이옥순
이 책의 저작권은 저자에게 있습니다. 서면에 의한 저자의 허락없이 내용의 일부를 인용하거나 발췌하는 것을 금합니다.
All rights reserved including the rights of reproduction in whole or in part in any form.
저자와 협의, 인지는 생략합니다.
잘못된 책은 바꿔 드립니다.

※ 이 책은 충청북도, 충북문화재단 의 후원으로 우수창작활동지원사업의 일환으로 지원받아 발간되었음.

ISBN 979-11-5933-372-9 03010
값 15,000원

Printed in KOREA

그린썸

이옥순 수필집

수필과비평사

프롤로그

카디건은 요즘같이 변화무쌍한 날씨에 참으로 쓰임새가 많다. 햇빛이 강했던 오늘 목덜미와 팔을 가리기 위해 카디건을 꺼내 입었다. 엊그제는 갑자기 소나기가 내리고 기온이 떨어져 감기라도 걸릴까 걱정했다.

어느 해 한여름, 영화관에서 오들오들 떨었다. 너무 센 냉방 때문이었다. 시린 어깨가 신경 쓰여 영화에 집중할 수가 없었다. 그날 이후부터는 가방에 카디건을 넣고 다닌다. 카디건을 입었거나 숄을 두른 사람들은 편안하게 영화를 보고 있었다.

보통의 생활에서는 잊고 살다가 일상적이지 않을 때 카디건이 필요하다. 그것은 작은 부피로 가볍게 존재하다가 결정적일 때 존재 가치를 드러낸다. 그건 어린 시절의 기억처럼 연하고 부드럽다.

따스한 기억은 삶의 카디건이다. 특히 어린 시절 기억은 언제든지 꺼내기만 하면 부드럽게 포근히 나를 감싼다. 생각만으로 초록이 일렁이는 들판에 서 있는 것처럼 편안해진다. 살아온 시간 중 고향에서 보낸 어린 시절은 그리 길지 않다.

쑥 무더기가 소복이 자라는 강이 내려다보이는 언덕, 파래가 파란융단같이 길어 나는 강가, 자치기하던 강가 모래밭, 비 오는 날 마루에 엎드려 먹던 볶은 밀의 고소함, 골목을 쏘다닐 때 나를 비추던 달빛, 조용하고 한적한 방에서 보낸 날들, 삶이 차갑거나 뜨거울 때 꺼내는 카디건이다.

저녁 찬거리를 준비하거나 다른 사람과 이야기를 나눌 때는 그 순간에 충실해야하기 때문에 어떤 것도 끼어들 틈이 없다. 그것은 하늘을 바라보거나 조용히 숲길을 걸을 때 살며시 다가와 조용히 나를 밀고 간다. 또 강한 햇빛에 맞설 힘이 없을 때 카디건을 찾는다. 나에겐 초록 카디건이 있다.

차례

불멸의 봄

오래전 덕유산을 올랐다. 향적봉 표지석에서 사진을 찍고 사방을 조망할 때만 해도 덕유산에 남긴 내 발자국이 자랑스러웠다. 하지만 얼마 지나지 않아 벚나무 아래 주저앉아 구조 헬기를 불러 달라고 떼쓰는 처지에 놓이고 말았다. 백련사 즈음부터 무릎이 몹시 시큰거렸다. 천천히 걷다 보면 버스 정류장에 닿을 줄 알았다. 아무리 걸어도 끝이 보이지 않았다. 주저앉고 걷기를 반복하는 동안 어떤 힘이 나를 조금씩 밀고 갔다. 누가 시켜서 받는 고통이었더라면 그날 난 집으로 돌아오지 못했을 것이다. 자발적 시련이었기 때문에 결국 감당해냈다.

처음 코로나19 뉴스를 접했을 때는 그저 전과 같은 어떤 사건 · 사고 소식 정도로 생각했다. 그 무렵 읽고 있던 책 '기적이 일어나기 2초 전'이라는 제목처럼 곧, 기적적으로 세상이 다시 평화로워질 것이라 믿었다. 그런데 수선화 움을 본 날부터 깽깽이풀꽃이 피었다 진 오늘까지 기적은 일어나지 않고 벚꽃만 눈부시다.

벌써 석 달째다. 절대적 힘을 가진 시간도 세계적인 의학자도 이 세상의 제일 부자 빌 게이츠도 손을 쓸 수 없는 지경에 놓였다. 사람들은 코로나 블루를 겪는다고들 한다. 목이 조금 붓는 것 머리가 살짝 아픈 것에 온 신경이 사로잡히고 무기력해진다고 하소연한다. 그저 멍하니 창밖을 내다보는 날이 많다고도 한다. 나 역시 고비를 넘겼다.

시간은 주기적으로 다른 힘을 발휘했다. 처음에는 선물 같았다. 창틀에 쌓인 먼지를 닦아낼 틈이 되었고, 얼려둔 인삼을 꺼내 달일 만큼 충분해서 좋았다. 책 몇 권 읽고, 자수 몇 컷 놓고, 파자마 몇 개 만들고, 구리볼 몇 번 굽고, 그리고 냉장고 정리도 할 수 있었다. 그런데 시간은 또 나를 알 수 없는 곳으로 밀어 넣어 텅 빈 심정이 되게도 했다. 환절기의 약한 감기 기운도 한몫했다. 전 같으면 일상에 묻혀버렸을 그것이 꽤 오래 신경을 붙들었다. 옆집 의사가 퇴근길에 처방 해다 준 약 덕분인지 차츰 봄기운에 반응하게 되

었다.

평소에 해보고 싶은, 그저 꿈에 불과한 두 가지가 있었다. 호반길을 걸을 때, 그 길 위에만 서면 산티아고의 순례자가 되고 싶다는 생각을 막연하게 하곤 했다. 또 책꽂이에 모아둔 책만 다 읽을 수 있다면, 그저 혼자 마음속으로만 꿈꾸어보는 두 가지였다. 복권에 당첨되면 뭘 할 것인지에 대해 생각해보는 것처럼 그저 잠시 기적 같은 일을 상상해보는 것에 불과했다. 코로나로 뜻밖에도 시간이 나를 마중 나왔다는 느낌이 들었다. 영혼의 도약이 필요하다고 느끼는 시점마다 간절했는데 마침 한 가지를 구체화해보아도 좋을 기회였다.

어떤 힘이 나를 이끌었다. 시작 시점을 내일에 둘 필요도 없었다. 책을 뽑아 스탠드 아래 펼쳤다. 하루 이틀 처음엔 길이 잘 난 자동차처럼 굴러갔다. 이대로라면 해낼 수 있을지도 모른다. 에곤 실레가 클림트를 불러내고 그리스인 조르바의 한 문장이 다른 책으로, 다시 그 책이 영화로 이어졌다. 방바닥 가득 책이 널렸다. 노트에 영화와 음악 제목이 쌓여갔다. 어깨가 아프고 눈이 침침했다. 냉장고 앞에서 자주 서성였다. 가야 할 길 겨우 백분의 일 정도의 구간이었을까.

커피와 초콜릿도 아픈 어깨와 침침한 눈에 효과를 주지 못했다.

어깨를 누르는 무거운 겨울옷, 미용실과 거리가 멀어진 부스스한 머리는 이름을 노숙자로 바꾸어야 어울릴 듯했다. 벚나무 아래로 나가고 싶은 유혹을 이길 수도 없었다. 결국 의지박약을 참새 혓바닥 같은 연둣빛 잎 탓으로 돌렸다. 시간은 나무에 돋은 새 이파리 만큼 많다. 벚나무 아래로 가서 다시 눈이 맑아지기를 기다리자.

이삼일은 거지꼴로 하루 이틀은 정상으로 차츰 그런 리듬이 생겼다. 백일 동안 동굴에서 쑥과 마늘을 먹고 기어이 사람이 되고자 했던 웅녀의 심정이었다. 참으로 큰 인내심이 필요했다. 소설의 스토리를 따라가지 못하고 그저 멍한 상태로 책장만 넘길 때가 많았다. 특히 정체성을 상실한 현대인이 느끼는 불안을 다룬 소설 같은 건 아무 감응도 일어나지 않았다. 그렇게 페이지마다 지문만 찍다가 밖으로 나가고를 반복했다.

회의감이 들었다. 이것이 일상의 다른 일보다 우위에 있다고 정의할 수 있는가. 그렇다면 다른 일을 젖혀 두고 매달릴 필요가 있는가. 꼭 책 읽는 것만으로 영혼의 도약이 되는 것은 아니다. 차라리 눈에 보이고 손에 잡히는 열무를 심자. 채소를 심어 가꾸는 것이야말로 가장 현실적이다. 무엇을 하든 시간에 충실하면 되는 것이다. 흙을 일구어 씨를 뿌리는 며칠 동안 갈등하다가 다시 스탠드 아래 앉았다.

뭔가를 하고자 할 때 시간이 핵심적 역할을 한다. 그 시간이 주어졌고 난 그걸 활용해야 했다. 가야 할 길의 반의반도 걷지 못했지만, 아직은 길 위에 있다. 책 몇십 권 읽었다고 상추씨 뿌리는 법, 장미 돌보는 방식이 달라지진 않았다. 물질적 삶을 영혼으로 바꾸는 연금술사가 될 것 같지도 않다. 사랑의 묘약이라는 독약을 난쟁이 필리포가 먼저 마셨는지 청년 발사다레가 먼저 마시고 쓰러졌는지 벌써 기억나지 않으니까. 하지만 난 마중 나온 시간에 따랐고 오늘 여기까지 왔다. 혼자 보내는 시간은 본질적인 것을 되찾는 데 참으로 유용하다는 걸 다시 한번 생각하면서 힘을 낸다. 긴 여행 끝내고 집으로 돌아오는 감미로운 흥분에 젖을 날을 기다린다. 한시가 급한 코로나 백신 개발에도 필요한 건 시간이라는데, 결국 우리를 밀고 가는 힘은 시간이다.

풍로가 필요해

연기가 올라오는 굴뚝을 보면 절로 마음이 따뜻해진다. 굴뚝이 시작되는 그곳, 난로 앞의 훈훈한 장면이 떠오르기 때문이다. 누군가 난로 앞에서 나처럼 요요를 만들고 있으려나, 우리 엄마처럼 말랑한 홍시를 먹고 있으려나, 나쓰메 소세키의 졸고 있는 고양이에게 장난을 걸고 있으려나, 등등의 내 기준에서 이런저런 생각을 펼친다. 눈 아프게 무슨 바느질이냐는 잔소리 같은 것도 난로 앞에서는 어떤 노래쯤으로 들릴 것이다. 여느 때와 다르게 굴뚝이 잠잠하던 집까지 연기를 피워 올리고 있다. 연일 계속된 추위 때문이리라.

집마다 벽을 따라 참나무 장작을 쌓아놓았다. 시각적인 연속성을 가진 장작은 겨울 풍경에 한 가지 모티프가 된다. 잘 마른 참나무로 불을 때면 화력은 세고 연기는 맑다. 참나무라서 잘 타고 마른 참나무라서 더 잘 탄다. 참나무는 타는 향이 좋고 오래 탄다. 종일 난로에 불을 피워도 한줌 재만 남는다.

참나무가 잘 타는 건 난로와 굴뚝의 단순한 관계성에도 있다. 난로의 굴뚝은 연기를 밖으로 뽑아내는데 아무런 장해를 받지 않는다. 또 연소에 필요한 산소 공급도 쉽다. 그전, 아궁이와 굴뚝의 관계는 복잡했다. 연기가 방고래를 지나 개자리에 머물렀다가 나가는 구조였다. 그러니 난로에 불 피우는 것과 연도가 긴 아궁이에 불 때는 조건은 좀 다르다. 난로에 불을 피우기 위해 장작을 가지러 나가는 그의 뒷모습을 보면서 잠시 그 시절을 떠올린다.

늦가을부터 땔감을 해 나르느라 바빴다. 집마다 벽을 따라 나뭇가리를 쌓았다. 겨울이 깊어지면 마른나무 구하기가 쉽지 않았다. 그때부터 생솔가지를 해다 날랐다. 생솔가지로 불 때는 건 참 어려웠다. 흐리고 기압이 낮은 날에는 더욱더 매캐한 연기만 나고 좀처럼 불이 살아나지 않았다. 부지깽이로 솔가지를 들썩여도 연기만 더 날 뿐이었다. 입으로 바람을 불어 넣느라 눈물 콧물을 빼고서야 찾는 게 있었다. 손풍로다.

나뭇단이 쌓여있는 나무구덕에는 길고 짧은 부지깽이 두어 개와 불당그래 그리고 풍로가 수수 빗자루에 반쯤 가려진 채 아무렇게나 놓여있다. 그것들을 다시는 사용하지 않을 것처럼 던져버렸다가 번번이 찾는다. 특히 풍로는 살강 아래 부뚜막에 놓아야 하는 무언의 약속이 있는데 그걸 잘 지키지 않는다. 해도 그것들이 부엌을 벗어나 있지는 않고 항상 나무 구덕 어딘가에 있다.

풍로를 찾아 아궁이 입구에 놓는다. 알맞은 위치에 풍로 주둥이를 묻고 손잡이를 살살 돌린다. 꺼져가던 불이 살아난다. 생솔가지에 입김을 조금씩 불어 넣는 풍로가 마치 생명 있는 무엇처럼 느껴진다. 불이 순조롭게 타기 시작하면 물방개 같기도 하고 작은 자전거 같기도 한 풍로를 살강 아래 올려놓는다. 생솔가지가 타고 있는 아궁이 불길 끝 굴뚝에는 하얀 연기가 피어오르고, 시나브로 눈물 콧물이 마른 내가 아궁이 앞에 앉아 있다.

크리스마스를 앞두고 나는 생솔가지가 탈 때처럼 매캐한 연기를 뿜어대고 있다. 해마다 이맘때면 장을 봐 나르고 식탁보를 갈고 꽃을 꽂고 들떠서 촛불을 켰는데 올해는 좀처럼 당기지 않는다. 이유는 없다. 그냥 쭉 저기압이다. 하필이면 연말연시에 까닭 모를 우울감에 빠지다니. 공연한 일을 만들어서 스스로 괴로워하는 존재가 인간이라는데 나 또한 그런 것인지도 모르겠다.

일주일만 혼자 지내봤으면 하는 데서 시작됐다. 당장이라도 그러면 되는데 왜 못하고 있는 걸까. 마음뿐이지 혼자서는 마땅히 갈 곳이 없다. 사람은 원래 태생적으로 오래 고독에 빠지느니 전기 충격을 택한다는 실험 결과가 있다는 걸 읽었다. 그런 아이러니를 난 동의할 수가 없다. 결국 이러지도 저러지도 못하고 젖은 나무 같은 심정이 된 걸 옆에 있는 사람 탓으로 돌렸다.

그가 바쁘게 움직이고 있다. 장작을 날라 난로에 불을 붙이고 그 앞에 의자 두 개를 가져다 놓는다. 생솔가지를 해다 나를 일 없는 오늘은 그저 난로 앞에 앉으면 된다. 난로의 굴뚝처럼 단순한 남자가, 아궁이 굴뚝같이 복잡한 여자를 위해 바람을 일으키고 있다.

끌림

사람이나 사물과의 인연이 시작되는 이유는 다양하다. 그중 조금은 특별한 인연이 있다. 그녀의 볼에 난 이불 자국이 내게 말을 걸기 시작했다. 처음 만났을 때 우리에게는 같은 선상에 놓인 것이 별로 없어 보였다. 나이도 고향도 다르고 처한 환경도 사는 곳도 달랐다. 오랜 직장생활로 몸에 밴 것인지 원래 그런 사람인지 알 수는 없으나 그녀의 절도 있는 태도와 예의 바른 언어 사용이 남달랐다. 완벽해 보이는 그녀와 알고 보면 허술한 나와의 인연은 그렇게 시작됐다.

머리는 언제나 롯드를 말아 위로 몇 센티 올리고 정장 차림에 소

심하지도 대범하지도 않은 적당한 크기의 귀걸이로 마무리하는 그녀의 패션스타일, 때마다 포장 솜씨가 귀걸이만큼 품위 있어 보이는 선물꾸러미로 마음을 전하는 것 또한 기본인 그녀. 어느 날 그녀의 귀에 달린 카메오 귀걸이를 바라보다 오른쪽 볼에 난 베개 자국이 눈에 들어왔다. 다시 보아도 몇 줄의 선이 밤새 지렁이가 기어 다닌 듯 선명했다.

그녀는 운전 중이었다. 옆자리에 앉았으면 운전자의 심기를 건드리는 말은 삼가는 게 기본이다. 품위 우아 그런 단어와 어울리는 그녀에게 지렁이 자국에 대해 차마 물어볼 수가 없었다. 또 그것이 정말 베개 자국인지에 대해 확신할 수 없었기 때문이기도 했다. 불쑥 말을 했다가 곤란한 상황이 발생할지도 모른다. 그녀가 극도로 싫어하는 것이 볼에 난 베개 자국일지도 모르니까 굳이 확인까지 할 필요는 없었다. 궁금증이 생기면 말을 하고 보는 나도 그날 상황을 돌이켜 봤을 때 말을 좀 참을 줄도 아는 인간임이 틀림없다.

무엇으로 그녀와 친구가 되겠는가. 어느 날은 멋을 좀 냈다가 또 간편한 차림에 코트만 걸치기도 하고 머리염색 미룬 걸 바빠서라고 변명이나 하고 연말이나 크리스마스 모임에 빈손인 게 머쓱해서 쩔쩔매기도 하는 나. 큰소리로 웃기도 하고 어떤 일에 앞장서서 목소리를 높이는가 하면 때로는 떠오르는 생각을 즉흥적으로 말해버린 걸 후회하는 나 같은 사람은 그 이성을 절대 따라갈 수가 없다.

'왜 나는 너를 사랑하는가.'를 읽고 기억하는 장면이 있다. 흔히 그렇듯 데이트 중인 연인이 화려한 카페로 들어간다. 그곳에서 남자는 가난한 노동계급 가족이 카페의 유리 너머로 우아한 손님들, 카페의 흰 벽, 실내의 황금장식을 물끄러미 바라보는 광경을 목격

하게 된다. 실내의 부와 아름다움에 대한 경이감으로 가득 찬 그들의 눈을 피할 수 없었던 남자는 자기가 누리는 특권에 수치심을 느낀다.

남자는 사랑하는 여자의 눈에도 자신과 같은 동정심과 수치감이 반영되어 있기를 바라며 여자를 본다. 그러나 특별한 인연을 맺으려고 마음먹은 여자는 생각이 다르다. 그녀는 눈을 크게 뜨고, 물끄러미 바라보는 불쌍한 사람들이 눈에 거슬린다고 야멸차게 말한다. 그들이 도대체 뭘 원하는지 모르겠다며 주인한테 이야기해서 그들을 쫓아버리라고 남자에게 말한다.

이런 순간이 있다. 자기 생각이 반영되기를 기대하면서 상대의 눈을 찾지만, 불일치로 끝날 때 우리의 인연은 여기까지인가 하는 생각이 든다. 하지만 상대의 속성이나 특질을 넘어서는 어떤 끌림 앞에서 그런 불일치는 사소한 것이 된다. 사람은 다면적이기 때문에 나와 맞는 어느 한 면이 그 사람 자체로 보인다. 그로부터는 보는 사람의 경향에 따라 중요함이 달라진다.

인연이라는 것은 참으로 묘하다. 의외의 것이 고리가 되기도 하고 별것도 아닌 이유로 스치고 마는 인연도 있다. 무엇에 끌리는지 정확히 집어 이를 수는 없으나 그녀와 만남이 이어졌다. 화려한 컬러 스카프와 무채색 목도리, 하이힐과 플랫 슈즈는 상호 보완의 관계라서 조화로운 것처럼 그런 만남도 있는 것이다.

투 샷의 커피를 주문하는 그녀와 샷 하나도 버거워 따로 물이 필요한 나. 커피 향이 진한 카페에서 이야기를 나누는 동안, 그녀의 볼에 난 이불 자국이 오늘도 신호를 보낸다.

풀 한 포기와 우주

한창때는 집들이도 자주 다녔는데 이제는 그런 일도 드물어졌다. 주위 누구 할 것 없이 집을 가졌고, 한곳에 오래 사는 추세다 보니 그렇다. 오랜만에 집들이라는 구실을 달아 새 아파트로 이사한 친구네를 방문하게 되었다.

현관 앞에 서자 강아지 소리가 먼저 들렸다. 주인이 안고 있겠지 하면서도 살짝 공포심이 일었다. 만약 달려들어 코를 들이밀고 두 발을 들어 악수라도 청하면 밀쳐버릴 수도 없고, 주인 눈치를 보느라 반갑다는 듯 다리를 잡아 줄 수도 없어 입장 곤란하다. 나는 강아지를 길가의 풀 한 포기만큼만 좋아하기 때문이다.

그동안 강아지가 있는 집에 가본 경험으로 봐서는 유쾌했던 기억이 별로 없다. 방문 이유가 분명하나 주인과의 대면을 결코 봐주는 눈치 빠른 강아지는 보지 못했다. 자리를 피해 주기는커녕 주의를 끌기 위해 온갖 몸짓과 이상한 소리를 내며 달려들었다. 그럴 뿐만 아니라 내 몫으로 나온 음식에 눈독을 들이다 결국에는 발등에 침을 발라 놓고야 마는 강아지도 있었다. 언제나 강아지의 아니꼬운 행동을 감수해야 했다.

다행히 그 집 강아지는 울타리 안에서 뛰고 있었다. 친구는 손님맞이에 강아지 입단속까지 하느라 바빴다. 강아지를 괜히 야단쳐야 하는 주인, 주인과 다정히 지낼 공간과 시간을 뺏긴 강아지, 양쪽 다 못 할 짓으로 보였다. 그나마 강아지의 털이 하얗고 반질거려 빈말이 아닌 진심으로 칭찬의 말을 건넬 수 있어 다행이었다. 강아지라고 다 같은 강아지만 있는 것은 아니었다.

강아지는 당당히 한몫을 하려 들었다. 머무는 내내 강아지를 배제할 분위기가 안 되었다. 결국, 잠깐 우리 대화의 주인공이 되었다. 친구가 강아지를 키우게 된 전과 후의 사정 이야기를 했다. 전에는 누가 강아지를 안고 다가오면 얼른 다른 길로 피했고, 강아지를 동반한 사람과 엘리베이터라도 같이 타야 할 처지에 놓이면 일부러 딴전을 부려 뒤로 처졌다고 했다. 듣고 보니 나보다 더했다.

그 집에서 강아지가 차지하는 공간은 꽤 넓었다. 계산은 해보지 않았지만 평수 나누기 덩치로 치면, 가장 많은 지분을 차지한 것이 분명해 보였다. 손님을 배려해 플라스틱 울타리로 공간을 나눈 것

이 그만큼이었다. 울타리만 풀면 넓은 집 전체, 심지어 침대 위까지 강아지의 활동영역이 될 것으로 보였다. 강아지를 대하는 태도 또한 여리고 착하기만 한 자식을 대하듯 정성스러웠다.

강아지와의 소통이 신기했다. 끙끙대는 소리의 정도에 따라 원하는 무엇을 알아챘고, 동작을 보고 기분을 파악했다. 강아지도 말귀를 척 알아들었다. 조용히 하라면 잠시 조용히 했고, 저리 가라면 아쉬운 듯 뒤를 돌아보며 멀찌감치 떨어졌다. 하지만 금방 다시 가까이와 앓는 소리로 주의를 끌었다. 역시 강아지는 사람이 아니었다.

그동안 기꺼이 강아지 비위 맞추는 사람을 보면 따뜻한 심성을 가져서라기보다는 마음의 허기 때문이라고 여겼다. 가족 또는 이웃과의 관계에 실패한 나머지 소통할 대상을 강아지로 삼았을 것이라 미루어 짐작해보곤 했다. 평소에 친구가 따뜻한 심성을 지녔다는 건 알고 있었지만, 그게 모든 대상을 향한 보편적 사랑이라고는 생각하지 못했다.

그렇다면 기회만 닿으면 누구나 강아지를 키울 수 있는가. 강아지를 싫어하는 사람에게는 다만 기회가 오지 않았거나, 놓쳤거나 한 것일 뿐인가. 사물을 향한 보편적 사랑이 부족해서인가 하는데 생각이 미치자 은근슬쩍 강아지의 앞발이라도 잡아보고 싶기까지 했다.

어떤 사람이 강아지를 싫어한다고 죽을 때까지 싫어할 것이라 단정 짓지 말아야 한다. 우연한 기회에 강아지가 얼마나 다정다감한 존재인지를 알게 되어 강아지를 기르고 있을지도 모르는 일이다. 강아지보호단체의 리더가 되어 있을 확률도 없지는 않다. 우리는 모두 보편적 사랑을 지닌 사람이기 때문에 그렇다.

그저 풀 한 포기를 관심 있게 바라보는 것에서 시작된 사랑도 결국 온 우주로 확대될 수도 있는 것이다.

두드러기

자극에 반응을 보이는 정도는 사람마다 다르다. 사람이 덜 되어서 그런지 나는 같은 자극에도 다른 사람보다 반응을 보이는 정도가 심하다. 속내가 겉으로 드러나 곤란을 겪기도 한다. 특정 음식에 대한 거부 반응으로 나타나는 두드러기는 오래 전 극복하였는데, 마음에 나타나는 두드러기는 숨길 수가 없다. 하루 빨리 극복하기 위해 마음을 다잡는다.

어릴 때부터 티가 잘 났다. 일 년에 고작 너덧 번 먹는 고기였는데도 그때마다 티를 냈다. 말을 하거나 냄새를 풍기지 않아도 감출 수가 없었다. 가족들도 친구들도 아무렇지 않은데 나만 혼자 티를

냈다. 두드러기로 영락없이 들통이 났다. 먹지 않으면 되련만 고기를 대할 기회가 적으니 그러지를 못했다.

마을에서 명절 앞에 돼지를 잡았다. 잔치가 있는 집에서도 돼지를 잡았다. 아버지가 늘 그런 일을 거들었고 돌아올 땐 고기 한 덩어리를 새끼로 묶어 들고 오셨다. 그때마다 고기를 먹었고 두드러기가 났다. 엄마가 기름기 없는 부분만 떼어 입에 넣어 주어도 마찬가지였다.

또 할머니가 잔칫집에 다녀오시는 날도 두드러기가 났다. 할머니는 손수건에 절편과 찰떡과 생선 찐 것과 돼지고기 삶은 것들을 싸왔다. 떡을 먹으려고 손수건을 펼쳐놓고는 어느새 고기 한 점을 꿀꺽 삼켰다. 쫄깃쫄깃한 고기 맛을 포기하기란 쉽지 않았다. 양지쪽에서 놀다보면 등이나 팔에 두드러기가 솟았다.

한번은 계곡으로 나들이를 갔다. 양지 바른 곳에 자리를 잡았다. 다른 음식도 많은데 그날따라 유난히 고기가 당겼다. 아이들과 고운 단풍잎도 모으고 풀싸움도 하면서 재잘거리고 노는데 등이 뻣뻣하게 느껴졌다. 늦가을 햇볕을 쬔 등에 온통 두드러기가 났다.

그때가 마지막이었다. 면역이 생긴 듯했다. 결혼해서 아이들 키우고 집안일에 치여 살다보니 어느 새 의식하지 않게 되었다. 어릴 때부터 음식을 가렸는데 그 버릇도 덩달아 없어졌다. 무엇이든 맛

있게 먹었다. 기름기 많은 고기를 먹어도 아무런 티가 나지 않았다. 이제 사람이 되었나싶었다.

두드러기의 원인은 여러 가지다. 음식에 대한 거부 반응으로 나타날 수도 있고, 외부자극에 의해서도 나타난다. 스트레스 때문에도 두드러기가 나타난다니 이유도 다양하다. 그 중 내게 해당하는 건 특정 음식에 대한 거부반응이었다.

음식에 의한 두드러기는 극복했는데 뜻밖에도 이번에는 마음에 두드러기가 나타났다. 티를 내지 않으려고 했는데 얼굴이 굳어지고 안색이 변했다. 금방 가라앉기는 했으나 감출 수가 없었다. 그날의 두드러기는 모임에서 만난 한 사람이 내 얼굴을 유심히 들여다보면서 한 말에 대한 거부 반응이었다.

"얼굴이 곱네요."

말인즉슨 곱게 보인다는 것이었다. 그전에는 얼굴에 주름이 많은 이유를 몰랐는데, 농사를 짓는다는 사실을 알고 나니 도리어 곱게 보인다는 결론이었다. 농사를 짓지 않는다는 말을 하기도 전에 요새는 무슨 농사를 짓느냐고 물어왔다. 농사를 짓기는 짓는다. 그 사람이 집에 들렀을 때 마당가에서 상추를 뜯어 주었고 지금은 배추 몇 포기를 가꾸고 있다.

"네, 별 농사는 안 지어요. 배추 조금요."

내 사정을 모르는 사람이다. 농사를 짓는지 안 짓는지 나이가 어느 정도인지 정확히 모른다. 같은 모임의 한 사람으로 몇 번 보았을 뿐이다. 두드러기가 나면서도 고기 먹는 것을 그만 둘 수가 없었던 것처럼 듣기 거북한 말을 들으면서도 사람과의 인연은 그만 둘 수가 없다.

자극에 의한 반응은 사람마다 다르고 그것을 이겨내는 방법 또한 다르다. 두드러기가 난다고 고기를 먹지 않았다면 결국은 고기를 먹지 못하는 사람이 되고 말았을 것이다. 고기를 자꾸 먹어 면역이 생긴 것처럼 마음의 두드러기도 곧 면역이 생길 것이다. 충언이든 아니든 남이 해 주는 말이 고기처럼 살이 되고 피가 되기는 마찬가지다.

새순은 우리가 먹었다

가는 봄이 아쉬웠다. 늦기 전에 봄을 찾아 어딘가로 떠나고 싶었다. 우연히 알게 된 산속 산장에 그것이 있을 것만 같았다. 우리는 각자 사정이 허락하는 시간에 출발해 산장에서 만나기로 했다. 이틀 동안 필요할 물건을 주섬주섬 챙겨 차에 실었다. 호수를 따라 속리산 골짜기를 향해 달렸다. 이처럼 아름다운 수채화를 본 적이 있었던가. 호수 건너편 산은 우리를 그냥 두지 않았다. '봄날은 간다, 벚꽃엔딩'을 흥얼거렸다. 앞에 이상향이라도 펼쳐져 있는 것처럼 들떴다.

지난가을부터 시작된 모의였다. 혼자만 시간이 난다고 훌쩍 떠날 수 있는 게 아니라 같이 사는 가족들의 스케줄도 살피는 게 필요했다. 날을 보고 있는 사이 겨울이 닥쳤다. 눈이 와서 길이 미끄럽다느니 바람이 불어서 춥다느니 떠나지 못할 핑계들로 시간이 흘러 흘러서 봄이 오고 말았다. 봄마저 그냥 보낼 수가 없었다. 벚꽃이 떨어지기 시작했을 때에야 우리의 모의가 완성되었다. 호수를 따라 줄지어 선 벚나무에 피기 시작한 여린 잎 사이로 마지막 꽃잎 몇 장이 흩날리고 있었다.

우리는 속리산 둘레길 한 구간을 걸어보기로 했다. 저수지를 에둘러 싼 산자락을 따라 놓인 산책길로 들어섰다. 물이 찰랑찰랑한 저수지에 비친 산은 한 편의 시였다. 읽히고 또 읽히는 살아있는 명시였다. 바람 방향을 거슬러 들어갔다가 바람결을 따라 돌아 나왔다. 갈 때보다는 올 때의 풍경이 더 아름다웠다.

뒤에 출발한 일행이 도착했다. 산장에서의 봄밤이 얼마나 낭만적인지 체험을 작정하고 마당에 저녁상을 차렸다. 일찍 뜬 별이 우리를 내려다보고 있었다. 새벽까지 별을 보기 위한 준비로 어깨에 담요 하나를 더 둘렀다. 누구는 시를 낭송하고 누구는 수필을 낭독했다. 누구는 참숯에 구운 고기 맛을 찬양했다. 서로 관심사에 관한 이야기를 주고받으면서 존중과 관심의 표시로 보드라운 다래순 나물을 서로 권했다. 우리도 시대가 원하는 장년 정신을 갖고 있음을 결론짓고 추위를 피해 방으로 자리를 옮겼다.

한쪽에 픽 쓰러져 이내 잠이 들었다. 나의 감성은 본능을 이기지 못했다. 누군가가 새벽까지 별을 보느라 방문이 열렸다 닫혔다 하는 걸 잠결에 들었다. 그들의 낭만과 체력이 부럽다고 생각하면서도 다시 잠에 빠져들었다. 집에서 코를 곤다는 소리를 들었기 때문

에 자면서도 계속 내가 코 고는지 체크하느라 약간 괴로운 잠을 잤다.

산책하고 늦은 아침을 먹었다. 여느 하루와 다르지 않은 평범한 일상으로 가는 길목 같은 시간이 점점 되었다. 아침저녁의 대기가 보드라운 새순이라면 햇볕이 내리쬐는 한낮은 그 반대로 두릅나무 가시처럼 따가웠다. 햇볕을 피해 서둘러 산속으로 들어갔다. 봄 햇살이 숲 구석구석으로 비쳐들었다. 우듬지의 새순부터 바닥의 도롱뇽 알까지 눈 닿는 곳마다 생명력이 팽팽했다. 숲은 깊어지고 말은 줄어 잠시 피안에 들었나 하는 착각이 일었다. 재에 가까워지도록 그런 느낌은 계속되었다.

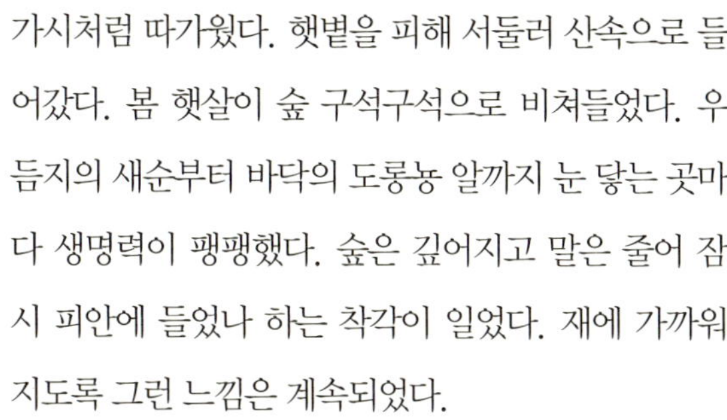

내려올 때는 새순을 따보기로 했다. 두릅 새순 따는 걸 한 번은 해보고 싶었다. 산장 주인의 안내에 따라 숲속으로 들어갔다. 숲속의 모든 것에 본능적으로 신경이 예민하게 반응했다. 귀와 눈, 팔과 다리로 온 신경을 모으고 순 하나를 잡았다. 무언가 모를 미안함이 일었다. 그게 순수하게 나물 따는 기쁨만 누릴 행위는 아니었다. 한 가지 위안은 순 딴 자리에 다시 새순이 돋는다는 자연의 섭리였다. 그걸 믿고 순을 따 담았다.

새순을 넣어 전거리를 만들었다. 전을 부치기 시작했을 때 산장 이웃에 사는 할머니가 두릅을 팔러왔다. 할머니가 리어카에 싣고 온 두릅은 이미 상품으로서의 가치를 잃어버린 것이었다. 할머니는 그걸 인정하지 않았다. 두릅이 아까운 건 할머니보다 우리가 더 했다. 아무리 좋은 마음을 내어도 받아들일 수가 없었다. 결국, 할머니는 두릅 망태기에 음료수를 같이 넣었다가 쏟아지는 바람에 뜨거운 햇볕에 두릅이 녹은 것이라고 마지못한 고백을 했다. 그럼 처음부터 그렇게 말씀을 하셨어야지. 전 속의 새순이 질기게 느껴졌다.

보드라운 순이 어떻게 나무가 되었을까. 어떻게 가시 달린 억센 나무가 되어버렸을까. 이틀의 정점은 가시 달린 나무와 새순의 엄청난 간극에 대하여 생각해보는 것이었다. 느린 동작으로 새순 세 다발을 봉지에 담으면서 내가 알아챈 건 결국, 새순이 나무가 되고, 그 나무에 새순이 달리는 자연 섭리의 신비로움이었다.

장미와 낙지

그녀는 행복하다. 이만하면 됐다. 점잖은 그녀의 남편은 묻는 말 열 중 여덟아홉은 그녀가 원하는 쪽 대답을 한다. 어쩌다 살짝 마음에 걸리는 한두 가지도 그녀의 위트 넘치는 말솜씨로 얼마든지 돌려놓을 수 있다. 결혼 초반 부부싸움의 원인 제공자였던 아들도 얼마 전 결혼해 서울로 살림을 났다. 명랑 쾌활한 막내딸도 직장에서 일어나는 재미있는 이야기를 미주알고주알 카카오톡으로 보내온다. 가족들의 그 재미난 일상을 앉아서 보고 듣는다. 시대에 맞게 실시간으로 산다.

아들과 딸은 터울이 좀 지게 낳았다. 부러 그런 건 아니다. 시댁

의 어려운 조건들을 감당하느라 힘들어서 그랬다고 보는 게 맞다. 아들이 유치원 들어갈 나이가 되어서야 딸을 낳았다. 그 무렵 참 무기력했다. 아들이 유치원 갈 때 소파에 드러누우면 그 자세로 돌아온 아들을 맞았다. 아들이, 엄마는 소파와 일체형이냐고 물었다. 일체형 로봇이 한창 유행할 때였다. 그게 산후우울증이란 걸 나중에 알았다. 지금도 그때를 기억하게 하는 아들의 강력한 한방이었다.

그 아들이 말을 잘 듣지 않았다. 말을 잘 듣는 게 더 이상한 나이

일 때였다. 그날도 밥 먹는 자리에서 어떤 일로 아들을 혼냈다. 문제는 그녀의 숟가락질이었다. 아들을 향해 숟가락을 흔들면서 나무라는 말을 해대는데 남편 앉은 쪽이 싸했다. 그리고 "지금 뭐 하는 짓이야."는 숟가락질보다 강한 한마디가 날아왔다. '짓'이라는 말을 듣고 가만히 있을 그녀가 아니었다. 그녀가 한 짓에 대한 반성은 스스로 할 것이었다. 숟가락을 식탁에 '탁' 놓고 일어섰다. 그리고 안방을 향해 두 걸음쯤 발을 떼었을 때였다. 뒤통수가 번쩍했다. 남편의 손이 그녀의 뒤통수로 날아든 것이었다.

물에 손 넣을 일 없이 일주일이 흘렀다. 그녀의 남편이 퇴근길에 장미 한 다발을 사 왔다. 장미는 곧바로 쓰레기통에 거꾸로 처박혔다. 언제 친정으로 갈까 날을 보는 중이었다. 쓰레기통에 거꾸로 처박힌 장미가 몇 다발이었는지 잊어버린 어느 날이었다. 그날도 남편의 손에 장미가 들려있었다. 장미를 쓰레기통에 던질 새도 없이 외식을 나갔다. 앞집에서 저녁을 먹자고 제안했기 때문이었다. 냉랭한 기운이 앞집까지 전해진 모양이었다. 더 길어지면 안 될 것 같다고 하면서 앞집 부부가 저녁 먹는 내내 분위기 쇄신을 위해 애를 썼다. 쓰레기통에 던질 타이밍을 놓친 장미는 다음날까지 그대로 식탁에 있었다.

장미도 앞집도 그녀의 생각을 돌려놓지는 못했다. 그녀는 남편

퇴근할 시간이 되어서야 장미를 거들떠보았다. 쓰레기통에 던져 버리려다가 순간 방문에 붙은 걸 고리가 눈에 들어왔다. 시든 장미 다발을 아주 소극적으로 고리에 거꾸로 걸었다.

그녀의 남편은 그날도 밖에서 저녁을 먹고 들어왔다. 남편이 방으로 들어가지 않고 거실에서 어슬렁거렸다. 남편의 와이셔츠에 고추장이 묻어있었다. 집 올라오는 길목에 낙지볶음집이 있다. 낙지를 나라고 생각하고 아주 잘근잘근 씹었느냐고 그녀가 먼저 한마디 날렸다. 본인도 모르게 그 말이 툭 튀어 나갔다. 장미가 나라고 생각하고 거꾸로 매달아버렸냐고 그녀의 남편이 받았다. 메기고 받고 장단이 잘 맞았다.

단서 포착을 잘하는 여자의 눈에 와이셔츠의 고추장이 보였던 건 그렇다 치고, 단서 포착을 못 하는 남자의 눈에 거꾸로 걸린 장미가 보였던 건 운명이었지 싶다. 그 큰 한 건은 참으로 긴 시간 서로에게 효과를 미쳤다. 이후 서로를 잘근잘근 씹거나 거꾸로 매달아버리는 일은 좀처럼 일어나지 않았다. 장미와 낙지는 거리가 좀 있어 보이나 여전히 한집에서 살고 있다.

낙지는 씹는 맛이 일품이다. 쓰러진 소도 일으킬 만큼 영양이 풍부하다. 그녀의 남편은 그때는 낙지 맛도 모르고 먹었다. 차차 그 맛을 알아갔다. 그녀의 위트 넘치는 유머가 터지지 않는 날이 길어지면 낙지가 먹고 싶어진다. 낙지를 먹으면서 쫀득쫀득 씹던 때를 생각한다. 그렇다고 그때로 돌아가고 싶지는 않다. 설겅설겅 씹어 삼키더라도 그녀와 마주 앉은 지금이 낫다고 생각한다. 다시는 거꾸로 매달리고 싶지 않다.

일상이 지루하다 싶으면 내가 아는 그녀는 장미를 말린다. 그녀의 남편은 자기를 거꾸로 매달아버리고 싶은 게 아니라 집안 분위기를 바꾸고 싶을 뿐이라는 것쯤으로 짐작한다. 그녀의 테라스에는 자나장미가 잘 말라가고 있다.

충전 중

아침은 태평하다. 밤새 어떤 에너지를 충전하였기 때문이다. 그 에너지를 잘 분배하여 하루를 편안하게 보내려고 마음먹는다. 세상을 향한 눈과 귀를 조금 닫으면 에너지 소비를 줄일 수 있다.

아침의 거리는 촉촉하고 차분하다. 검은 아스팔트 도로도 길가에 구르는 돌도 밭의 흙도 순하게 보인다. 마을 어귀로 나가는 출근길의 차도 몸피를 줄인 듯 다소곳하다. 급한 일이 있는 것처럼 먼지를 일으키며 달려오던 어제와는 사뭇 다르다. 저들은 밤새 어떤 에너지를 채웠을까. 새벽마다 비가 왔다. 비 그친 후의 상쾌한 공기에 끌려 산책하러 나갔던 걸 계기로 아침 산책에 재미가 붙었다.

강아지 한 마리 졸랑졸랑 앞서간다. 어제 골목을 훑고 다니던 강아지다. 보통은 끈 풀린 강아지가 골목에 어슬렁거리면 다른 개들이 일제히 짖기 시작한다. 어제도 집 나온 강아지가 이집 저집 기웃거렸고 이를 본 개들이 동네가 쩌렁쩌렁 울리게 짖었다. 그런데 이상한 건 오늘 아침에는 매어놓은 개들도 풀려있는 강아지도 차가 지나가거나 사람이 가까이 가도 별로 반응이 없다. 그저 제 갈 길을 가고 제 밥그릇에 얼굴을 묻고 있을 뿐이다.

오래전 빨리 아침이 되기를 기다렸던 적이 있다. 아들을 여럿 둔 이웃집에서 싸움이 자주 일어났다. 주로 저녁나절에 큰소리가 나기 시작해서는 결국 창유리가 깨지고 유리에 찔려 피가 나고 구경꾼이 모여드는 과정이었다. 싸움은 늘 그랬다. 수없이 유리를 새로 갈았다. 그렇게 큰 싸움이 나도 다음 날 아침이면 밥상에 둘러앉아 밥을 먹었다.

또 기억에 남아있는 아침이 있다. 신혼살림을 시작했던 때다. 세든 집 주인 내외가 하루가 멀다하고 싸웠다. 그걸 보는 게 참 난감했다. 그런데 얼마 지나지 않아 별일 아니라는 걸 알아챘다. 매번 다른 이유로 싸움을 해도 하룻밤만 자고 나면 새날이었다. 콧노래를 부르며 마당을 비질하는 안주인으로 세상의 아침이 다 평화로웠다.

아파트에 살 때도 그랬다. 온종일 시끌벅적했다. 앞에 놀이터가 있어 잠들기 전까지 소음에서 벗어날 수 없었다. 그런데 참으로 이상한 건 하루 중 제일 조용한 시간이 아침이었다. 밤늦게까지 소란했어도 아침이면 거짓말처럼 고요했다. 어느 날은 사람들이 모두 어디로 가고 나만 혼자 남은 건 아닌지 마당을 한참 내려다본 적도 있다. 그때도 밤새 무슨 일이 있었기에 세상이 이렇게 순해졌을까 생각했었다.

누구에게나 낮 동안 여러 가지 일이 일어난다. 그 여러 가지 일을 처리하느라 핸드폰 배터리의 전기에너지가 소비되듯 에너지 소비를 하는 것이다. 그중에는 적은 양의 에너지만 필요로 하는 일도 일어나고 많은 양의 에너지를 소비하는 일도 일어난다. 가령 마음에 드는 시 한 구절을 기억해내려고 애쓸 때와 먹다가 남겨둔 미역국이 시어 버린 걸 알았을 때의 에너지 소비는 다르다. 에너지 분배를 잘해 빨간불이 들어오지 않도록 해야겠지만 살다 보면 그게 마음대로 되지 않는다.

에너지 분배를 잘하지 못한 걸 후회하면서 잠자리에 든다. 오늘, 좀 참았어야 했어. 좀 더 친절해야 했어. 고마운 마음을 가졌어야 했어. 누군가가 못마땅해도 사정이 있나보다 하고 넘겼으면 좋았을 걸, 뚱한 표정을 지은 건 경솔한 일이었어. 오늘이 부끄러우면서도 이만하기 다행이야 하는 두 가지 마음이 교차한다.

밤새 새로운 에너지를 가득 채워 내일은 차분히 시작하리라 마음먹는다.

B급 살구

살구밭에 다녀왔다. 에이급 살구와 비급 살구를 구분해 놓은 박스 앞에서 망설였다. 에이급은 나무에서 딴 살구이고 비급은 땅에서 주워 모은 것이라고 했다. 가격을 떠나서 크고 매끈한 살구를 선택해야 할지 못생기고 물렁거리는 살구를 선택해야 할지 잠시 선택장애를 겪었다. 살구는 익으면 땅으로 떨어지고 그 살구가 더 달았던 작년 이맘때의 경험이 떠올랐다.

오늘 살구밭에서 전원생활을 계획하는 이를 만났다. 그이에게 땅에 떨어진 살구가 맛있다는 걸 알아가는, 시골은 겨우, 살구나무 밑에서는 땅을 보게 되는 그런 곳이라고 말하고 싶었는데 기회를 놓쳤다. 도시로 돌아간 그이의 물음에 조용히 혼잣말로 답해본다. 살구밭을 사서 집 짓고 싶다던 그 사람에게 아직 살구도 모르면서 감히.

"정말 좋겠어요." 당신이 그려본 전원생활에 대한 그림과 비슷한 누군가의 마당을 마주하게 되었을 때 처음 던지는 말이다. 맨발로 걸어보고 싶은 잔디마당과 한 줌 햇발만 들면 탁 벌어질 것 같은 꽃봉오리를 보면 그런 말이 저절로 튀어나온다. 쉽게 열광하는 사람의 특성이다. 나도 그랬다. 단맛의 살구는 애피타이저에 불과하다. 시간이 지날수록 그동안 듣고 보아온 모든 것을 능가하는, 비교 불가한 시고 떫은 중요한 일들이 기다리고 있다는 걸 알게 된다.

"늘 생각했어요." 관심을 가지기 시작하면 조금씩 중요한 문제로 이끌려가게 되어있다. 아직은 손을 덜 탄 시골의 땅을 소개받게 되고, 다른 일은 제쳐두고 그곳으로 달려간다. 근처에 있는 그림 같은 집도 눈에 들어온다. 일은 이미 시작되었다. 마치 결혼 날짜를 잡고 잠시 혼란을 겪었을 때처럼 자기 의지와는 다르게 무엇에 끌려가는 기분이 들면서도 돌이킬 수 없다. 어느새 계약서 앞에 앉아있는 자신을 발견한다.

"조용하지요?" 조용하다. 그렇지만 조용하지 않다. 난 가끔 조용

하게 살고 싶어서 도시의 아파트로 돌아가고 싶을 때가 있다. 시골에서의 삶은 조용한 것하고 점점 멀어진다. 겁 없이 가지를 뻗어대는 나무들, 끝없이 영역을 넓히는 잡초에, 칡넝쿨에, 밤낮 온갖 새소리에 점점 지배당하게 된다. 그렇다고 극장에 새로 내걸린 영화소식이나 새로운 문학작품 소식으로부터 자유롭지도 못하다. 시골에서도 조용할 방법은 자신을 제한하는 길밖에 없다. 그것만 할 수 있으면 얼마든지 조용히 지낼 수 있다.

"벌레 있지 않아요?" 실제로 시골에는 상상력의 비약에 찬물을 끼얹는 여러 가지 상황이 발생한다. 보통은 꽃을 보면 자세히 들여다보기 위해 한 발짝 다가선다. 얼마 지나지 않아 꽃줄기에 아주 작은 무엇의 미세한 움직임을 감지할 수 있다. 맞다. 바로 당신을 뒷걸음치게 만드는 진딧물이다. 끝이 아니다. 이내 당신의 발등에서 허둥대는 개미를 털어내게 되어있다. 방금 들여다보았던 그 꽃줄기까지 줄지어 기어가고 있는 개미가 그때서야 보인다. 진딧물은 중국매미, 선녀벌레에 비하면 별것도 아니다.

"힘들지 않아요?" 시골에서도 어느 한 가지만 지속해지지는 않는다. 자신의 몸보다 커 보이는 배낭을 메고 산을 오르는 사람의 심정 정도라고나 할까. 포르르 앞서 날아가는 작은 새를 따라 숲으로 들어설 때는 앞에 펼쳐질 아름다운 풍경만 생각한다. 이내 이마에 땀이 맺히고 돌에 미끄러지고 등부터 옷이 젖기 시작한다. 샘가에 앉아 쉬면서 일렁이는 나무 사이로 파란 하늘을 올려다보면 다시 희망에 젖는다. 신발 끈을 고쳐 매고 정상을 향한다. 숨이 차 한 발짝도 더 옮겨놓기 힘들어질 때쯤 첫 번째 산등성이에 올라서게 된다. 멀리 청청한 산을 조망하면서 산에는 분명 경이로움이 존재한다는 걸 다시 느낀다. 아무리 숨이 차고 다리가 아파도 자발적 선택으로 산에 오르고 있다는 사실을 잊지 않는다. 시골 생활도 그렇다. 장마 끝난 여름 마당의 바랭이를 뽑을 때는 마치 도형수가 된 느낌을 받기도 하나 이내 그것을 덮어버리는 살구의 단 냄새 같은 것에 이끌려 간다.

"무섭지 않아요?" 정말 대답하기 난처하다. 무섭지 않아서가 아니라 근원적인 당혹감 때문이다. 무섭다고 할 수도 없고, 무섭지 않다고 할 수도 없다. 가끔 무서울 때도 있고, 또 실제로 하나도 무섭지 않기 때문이기도 하다. 난 십 육층 아파트에서 낮에 혼자 갑자기 무서웠던 적이 있다. 금방이라도 창문으로 누가 들어올 것만 같아 다리가 굳는 것 같았다. 가스 배관을 타고 고층 아파트에 침입한 도둑 이야기를 들은 후였다. 무서움이라는 건 마음 안에 존재한다고 본다. 아직 자기 집이 무섭다는 사람은 보지 못했다.

"나이가 더 들면 전원생활을 하려고 해요." 도시에서 할 일이 없어지면 그때. 취미생활 좀 하고, 여행 좀 다니고 조용히 살아야 할 때 그때. 도시에는 너무나 많은 선택의 기회가 있다. 듣고 보는 대로 관심을 가질라치면 몸이 열 개라도 모자랄 지경이다. 할 만큼 했다고 생각되는 때도 괜찮고, 할 것을 남겨두고 와도 괜찮다. 형편에 맞게 하면 된다. 무엇을 하든 늦을 때란 없다. 다만 조용히 살 수 있을지에 대한 대답은 준비되어 있지 않다.

아침햇살과 새가 있는 정원을 원하면 감내해야 할 일은 그보다 많다. 텃밭을 열심히 가꾸어도 얻는 건 비급 채소들뿐이다. 시골에서는 살구뿐만 아니라 뭐든 에이급보다는 비급으로 눈이 간다. 못생긴 오이와 벌레 먹은 배추를 식탁에 올려놓고 소리 내 웃어보는 그런 날의 반복. 어딜 가든 삶은 따라온다.

겨울정원

움이 있다는 걸 기억해야 한다. 그것은 꽃이 피어 찬란할 것이고, 초록이 짙어 시원할 것이고, 가을을 붉게 물들여 가슴 설레게 할 것이다. 아스라한 아지랑이 하나로 봄을 느끼듯 움으로 우주를 느낄 수도 있다.

겨울정원에 검게 말라 매달린 씨앗이 흔들거린다. 그 아래로 바람에 날려 온 낙엽이 쌓여 보온재 역할을 하고 있다. 심심한 남편 속이 궁금하듯 땅속이 궁금하다. 발로 낙엽을 툭툭 걷어내고 꽃이 피었던 자리를 살핀다. 작은 움이 보인다. 다시 가만히 덮어둔다. 정원은 참 이상한 곳이다. 알아차리기만 하면 많은 것이 보인다.

정원은 무한한 가능성이다. 호미를 든 주인 마음대로 그림을 그릴 수도 있다. 그리다 마음에 들지 않으면 다시 그릴 수도 있기 때문에 언제나 진행형이다. 움직이는 수채화다. 계절마다 다른 분위기로 성장을 하고 나서는 아름다운 부인 같다. 정성을 들인 만큼 완성도가 높다. 하지만 주어진 기본 조건은 바꿀 수가 없다.

아무리 멋진 정원을 꿈꾸어도 조건에 맞추어야 한다. 또 놓인 환경에 따라야 한다. 딱 원하는 크기와 모양의 정원을 갖기란 쉬운 일이 아니다. 세모로 생겼으면 그 조건을 따라야 하고 길쭉하게 생겼으면 그것에 맞게 가꾸어야 한다. 따뜻한 곳에서 잘 자라는 꽃이 있고 추운 지역에서도 살아남는 꽃이 따로 있다. 그런 걸 알아야 실패가 적다.

꿈꾸는 정원을 위해 틈틈이 조금씩 바꾸어 나간다. 낮에 심었던 꽃을 잠자리에 들어서야 다른 쪽으로 옮겨 심는 게 더 나아, 할 때도 있다. 한 달 후, 다음 계절을 위해 어떻게 할 것인가를 생각한다. 특히 심심한 겨울정원을 바라볼 때 다음 해 계획을 구체적으로 세워보기도 한다.

생각으로는 못할 게 없다. 연못을 만들어 빙 둘러 나무를 심으면 숲이 되겠지. 자작나무 숲으로 할까, 단풍나무 숲으로 할까. 그러다가 정작 봄이 되면 일거리가 무서워 대부분 상상 속 정원으로 남겨둔다. 정원을 대대적으로 바꾸기는 어렵지만, 꽃으로 잔잔한 재미를 볼 수는 있다. 그것만도 다행이다.

정원은 내가 돌본 이상의 것을 돌려준다. 기다리게도 하고 바쁘게도 하지만 꽃이 피면 그런 것쯤은 까맣게 잊어버리게 된다. 봄에만 꽃이 피고 마는 게 아니라 늘 은은하기를 바라니 습한 장마철에 살아남는 것과 가을꽃을 배치한다. 주로 풀꽃이다. 풀꽃은 멋 부린 티가 덜 나면서 은근한 매력이 있다.

정원을 가졌으면 당연히 일이 따른다. 저절로 꽃이 피지는 않는다. 풀꽃은 특히 주변 환경에 잘 휩쓸린다. 늘 그 자리에서 피는 꽃도 있고 종류에 따라서는 이리저리 튀어 나가는 것도 있다. 그 꽃들은 새로 모아 심어야 한다. 꽃은 정물이 아니다. 정원에 꽃이 피도록 가꾸는 건 당연한 임무다.

책임을 진다는 것은 부담스러우면서도 행복한 일이다. 하지만 정원의 꽃을 책임지는 일은 기쁨과 즐거움으로 가는 쉬운 길 중에 하나다. 정원 일이 거칠기만 하지도 않고 온화하지만도 않다. 일상적이면서도 특별하다. 흙을 만지고 꽃을 가꾸면서 정원의 숨은 의미를 알아차리게 된다. 정원을 알아차리듯 알아차려야 보이는 것들이 참 많다.

특히 사람 마음이 그렇다. 부부란 서로에게 정원이 아닐까 생각해본다. 멈추어 있지 않은 작은 변화의 그 질감을 눈여겨보아야 보인다. 미처 보지 못하고 호미로 긁어버리거나 밟아버렸을 움도 더러는 있을 것이다.

연말에 남편으로부터 받은 손편지가 겨울정원 속의 움 같은 것이다. 흐드러지게 피던 꽃도 모두 지고 초록 잎마저 흔적을 감춰버린 겨울정원에서 발견한 움. 겨울정원은 심심하다고만 생각했다. 그 속에 움을 품고 있다는 걸 잊고 있었다. 겨울을 견디도록 잘 덮어둔 움을 기억한다. 봄을 기다린다.

봄을 소환하다

봄, 계절 가운데 그래도 봄이 으뜸이다. 봄은 외롭다거나 쓸쓸하다거나 고독하다거나 그런 말이 끼어들 틈이 없다. 산듯하고 경쾌하고 싱그럽다. 여름은 뜨겁고 가을은 좀 외롭고 쓸쓸하다. 그 쓸쓸함을 즐길 때도 있지만 봄보다는 못하다. 겨울은 춥다. 봄을 기다리느라 때로는 겨울이 지루하기도 하다. 올겨울도 꼬리가 좀 길었다. 여기저기서 외롭고 허전하다는 아우성이 들려왔다. 그들을 위로할 꽃을 몇 번 사다 나르고 나서야 봄이 왔다.

기다린 것에 비해 봄을 아쉽게 보내버렸다. 매화가 피었는가 하면 배꽃이 피었고, 배꽃이 피었는가 하면 벚꽃이 지고 있었다. 벚

나무에 잎이 피기 시작했을 때에야 해운대 달맞이고개에서 들었던 벚꽃엔딩을 흥얼거려보았다. 꽃대가 올라와 버린 냉이는 내년을 기약해야 했다. 쑥을 캐지 못한 게 더 아쉬웠다. 줄기가 올라와 대를 세운 쑥 무더기가 여름을 알리고 있었다.

'쑥은 일 년 내내 뜯을 수 있다.' 어디선가 들은 말이 생각나 여름 쑥을 뜯었다. 봄에는 양지에만 쑥이 보였는데 여름엔 천지 쑥이었다. 향이 진했다. 손가락 끝에 금방 쑥물이 들었다. 국거리는 안 될 것이고, 차나 떡은 만들 수 있을 것 같은데 양이 좀 적었다. 얼마 되지 않는 쑥을 같이 뜯은 지인에게 보태주고 잊어버렸다. 다시 봄을 만져보았으니 됐다. 뜨는 재미를 누린 것만으로 만족이었다.

손톱의 쑥물이 거의 빠진 날 저녁이었다. 쑥을 가져간 사람이 떡을 해서 가져왔다. 한 개씩 비닐에 싼 떡을 상자 가득 담아왔다. 말랑할 때 전해주기 위해 달려온 그이, 뜻밖에 쑥떡을 받아든 나, 그럴 때 우리의 표정이 바로 봄이다. 쓴맛을 빼기 위해 이틀을 우렸느니 그래도 약간의 쓴맛이 남았느니 하면서 우리는 그 말랑한 봄을 한참이나 붙잡고 있었다.

나 역시 누군가랑 나누고 싶었다. 저녁을 먹었을 시간이라 그만둘까 잠시 망설이긴 했으나 떡을 들고 나섰다. 한 집에 두 개씩, 후식으로 먹어보라는 뜻이었다. 여러 개를 나누어 줄 수도 있지만 굳어가는 떡을 보면 약간의 압박이 느껴졌던 내 경험을 토대로 그런 부담을 주고 싶지 않았다. 포장된 떡을 또 봉지에 담을 필요도 없었다. 내가 느낀 그 보드라운 촉감을 굳기 전에 나누고 싶었을 뿐이었다.

첫 번째 집에서였다. 무슨 비밀을 전해 주듯 손 위에 쑥떡 두 개를 살포시 올려주었다. 떡을 받아든 그이가 얼굴이 환해져서는 부엌으로 달려갔다. 그러잖아도 좀 가져다주려던 참이었다면서 산딸기를 들고 나왔다. 떡을 다 돌리고 집으로 오는 내 발걸음은 봄 속을 걷는 듯 기운이 솟아올랐다. 다정한 눈길로 배웅해준 그들도 아마 저녁 내내 나처럼 따스한 기운에 젖었으리라.

역시 그랬다. 내가 떡을 들고 현관문을 두드렸을 때 내외가 나란히 앉아 저녁을 먹는 모습이 인상적이었던 집에서 올라왔다. 봄 쑥보다 진한 여름 쑥처럼, 마주 앉은 부부보다 나란히 앉은 부부의 사랑이 진해 보였었다. 그날 저녁 쑥떡 두 개를 받아들고 얼마나 마음이 따뜻했는지 모른다면서 사과 한 봉지를 들여 주었다. 사과보다는 그때 받은 감동을 전하고 싶어서 올라왔다고 했다.

준 것보다 많이 받은 것 같고, 준 것도 없이 받기만 하는 것 같아서 미안하고 고마웠다. 봄이라는 계절이 그렇다. 앞에 찍은 점처럼 작은 씨앗을 한 포기상추로 자라게 하는 힘을 가졌다. 외롭거나 쓸쓸하거나 허전할 때 우리는 언제든지 봄을 소환할 수 있다. 사소한 것에까지 스미어 결국 사소하지 않은 세상으로 만들어 놓는 신비스러운 봄. 그걸 겸손하게 바라보는 눈, 그게 봄이다.

나무의자 하나

뜨거운 여름에는 해가 떨어져야 마당에 나온다. 언제나처럼 해가 지고 마당에 나왔는데 느낌이 다르다. 한 줄기 바람이 민소매 팔을 스친다. 더위에 속수무책 아무것도 할 수 없었던 시간이 끝나간다는 것을 알리는 신호다. 숲새들이 날아오르는 서쪽 하늘이 발갛게 물들었다. 옷장에 넣어둔 얇은 카디건이 곧 필요하리라.

의자를 닦을 때가 되었다. 마당 이쪽저쪽에 여러 개 의자를 놓았다. 무심히, 잉여 의자가 많아서 놓은 것 같지만 사실은 이유가 있다. 감나무 아래로 가고 싶을 때가 있고, 모과나무 아래서 서성이고 싶을 때가 있다. 감나무 아래는 오전이 그늘이고 모과나무 아래는 오후에 그늘이 온다. 오래전에 놓은 의자는 사그랑주머니처럼 낡았고, 올봄에 놓은 의자는 아직 윤기가 남았다. 낡은 의자는 오랜 친구 같고 새 의자는 새로 사귄 이웃 같다. 오래된 의자에는 지나간 이야기가 스며있고 새로 둔 의자에는 이제 새로운 이야기들이 스밀 것이다. 여름내 뜨거운 햇볕 아래서 색이 좀 바랬다. 나뭇진과 새똥 흔적이 무늬처럼 번져있다.

모과나무 아래 놓인 의자는 좀 오래되었다. 집 짓고 남은 나무자재 몇 개로 만든 의자다. 한쪽 귀퉁이가 삭고 색도 변했다. 새가 차지하고 내가 앉고 어느 날은 모과를 조르르 올려놓는다.

비바람을 견뎌낸 모과도 익으면 절로 떨어진다. 손만 대어도 툭 떨어져 안겨 온다. 그럴 때면 내가 가지고 있던 질문에 대한 답을 찾은 듯, 삶의 비밀을 알아챈 듯 모과나무 아래에 가만히 앉는다. 금잔화 몇 송이 붉게 핀 위로 아직은 푸른 모과가 햇볕을 받아 빛나고 있다.

한참을 이쪽저쪽으로 꽁닥거리던 참새가 날아간다. 어제는 청개구리가 앉았던 자리다. 의자에 앉으면 좋은 생각이 떠오르고, 의자에 앉아서 생각을 다듬게 되고, 생각을 실천할 다짐을 하게 되고, 생각을 버리게도 된다는 것을 의자에 앉아본 나는 안다. 청개구리도 떠나고 참새도 떠났다. 내일이면 개똥지빠귀가 찾아올 것이다.

마음대로 풀이 자란 집 앞 공터 한옆에 벤치가 있다. 그 옆으로 의자 하나가 더 놓였다. 누군가 내다 버린 것을 놓고 사용하기 시작했다. 나무가 있고 의자가 있으니 공원이 되었다. 어떤 날은 아이들이, 어떤 날은 어른들이 의자로 모인다. 그들 중 누군가는 가끔 혼자 의자에 앉아 있을 때도 있다. 중년 여인이 옆으로 비스듬히 앉아 책을 읽고 있는 장면을 볼 때는 잔잔한 감동이 번져온다.

순전히 의자에 끌려 카페에 들어가기도 한다. 의자에 관심이 많아 놀림을 받을 때도 있다. 궁둥이가 몇 개냐고도 하고 언제 다 앉아볼 것이냐고도 한다. 의자 수집하느냐는 소리도 듣는다. 그동안 내가 관심 둔 의자는 수없이 많다. 실은 그중 호숫가 나무 밑 색 바랜 나무의자를 마음에 두고 있다. 언젠가 산책을 멈추고 도시락을 펼쳤던 의자다. 그 의자가 나를 기다리고 있다는 건 나만 안다. 볕 좋은 가을날 얇은 책 한 권 들고 그곳으로 가리라 마음먹고 있다. 내 의자 욕심은 그런 것이다.

의자가 없다면 어디에서 허기를 달래겠는가. 의자가 없다면 어디에 앉아서 벅찬 감정을 누르겠는가. 점심과 저녁에 무엇을 먹을지를 어디에 앉아서 정하겠는가. 비 오는 날 남쪽 바다로 갈 것인지, 해가 쨍한 날 숲으로 갈 것인지를 어디에 앉아서 구체화하겠는

가. 의자가 없다면 추억들, 그러니까 해져서 발가락이 나온 운동화를 신고 소풍 갔던 일, 옆집 과수원에 들어가 복숭아를 따 먹은 일을 어디에서 꺼내 보겠는가. 어디에 앉아서 그것들을 윤색해 빛나는 추억으로 돌려놓겠는가. 계절 따라 옷장이나, 서랍 속을 정리하듯 의자에 앉아 그것들을 이리저리 만져보고 정리해 놓는다.

의자에 앉아야 비로소 오래 못 본 그대 생각이 나는걸. 나만 힘들고 나만 외로운 게 아니라 그대도 사느라 나를 생각할 겨를이 없을 거라는 걸 어디에서 짐작해보겠는가. 혼자 농사짓는 엄마도, 막 결혼해서 살림 재미를 알아가는 아이들도 나처럼 의자에 앉아야 딸인 나를, 엄마인 나를 생각해보겠지. 의자가 없다면 요가 수행도 하지 않는 나 같은 사람은 어디에 앉아서 기도하겠는가. 마치 댐 수문을 열어 수량을 조절하듯 의자에 앉아 나를 조절한다.

삽화 몇 컷

가령 몽테뉴의 수상록은 몇 번이나 들었다 놨다 하고서도 아직 읽는 중이다. 삽화나 공백 없이 천삼백 페이지가 넘는 책이다. 인간이 인간답게 살기 위해서는 어떻게 해야 할 것인가를 살아있는 동안 내내 고민한 인류의 스승이라는 몽테뉴가 체험에 몰두한 인생의 솔직한 고민을 담고 있는 인간 연구서라는데, 이 책만 펴면 눈꺼풀이 무거워진다. 한낮에 책을 읽으려니 진도가 나가지 않는 것이다.

벨 소리에 졸음에서 깼다. 주문한 책이 왔다. 세 권의 책을 읽기 쉬운 순서로 놓는다. 삽화가 있는 책을 맨 위, 공백을 둔 책은 그다음, 문자로만 된 두꺼운 책은 맨 아래로 뺀다. 문자로만 된 책을 읽으려면 상당한 집중력과 시간이 필요하므로 날을 따로 잡아야 한다. 요즈음에는 삽화나 공백을 둔 책들이 많다. 그런 책을 만들고 선택한다는 건 그만큼 복잡한 시대에 살고 있다는 방증일지도 모른다. 여유를 가지려는 경향이 있다는 뜻일 것이다.

시골 생활 십 년째. 대여섯 평이 텃밭이고 마당은 밭의 스무 배가 넘는다. 자잘한 일이 많다. 일은 아침저녁으로 나누어서 한다. 오늘도 일찍 마당에 나가 꽃이 진 장미곁가지도 잘라내고, 일 년 내내 흙이 있는 곳이면 싹을 틔우는 망초도 뽑았다. 새로 심은 마가목에 물을 대놓고 밭에까지 뛰어 들어가 상추를 앞지르는 채송화는 꽃밭으로 옮겼다. 햇살이 이마로 밀고 들어올 때까지 해도 일은 남는다. 남은 일은 저녁나절에 또 하면 된다.

낮은 별반 다르지 않다. 흔히 집안 정리하고 차 한 잔 만들고 음악을 틀고 신문을 찾는다. 그즈음 골목으로부터 손수레 끄는 소리가 들려온다. 농사짓는 분들이 아침 일찍 밭에 나갔다가 집으로 돌아가는 소리다. 노인들도 한낮을 피해 아침저녁에 주로 밭일을 한다. 일의 능률면에서 그게 효율적일 것이다.

아침저녁이 중요하다. 하루의 여백 같지만, 사실은 특별한 시간이다. 새들도 아침저녁에 더 즐겁게 노래한다. 나뭇잎도 아침저녁에 빛나고 꽃들도 아침저녁에 생기가 넘친다. 오가는 발길에 밟혀 납작해진 질경이도 아침저녁 시간에 고개를 든다. 시골에서의 아침나절과 저녁나절의 기운은 만물을 조율하는 절대적인 힘이 있는 듯하다.

산그늘 진 마당에 참새 두 마리 내려앉는 시간. 찻잔 바닥에 남아있던 차가 갈색으로 말라가는 시간. 영혼 속으로 밀고 들어오는 그 기운은, 상쾌하다 소쇄하다 삽상하다 고맙다 감사하다 그런 말로는 표현이 부족하다. 나른한 리듬이 슬슬 떠다니는 아침저녁 나절에는 모든 것이 자유롭게 가볍게 존재한다.

나무탁자 위의 애호박 두 개. 대오리가 빠진 소쿠리 안의 보드라운 아욱 한 줌. 이른 아침 호박 넝쿨을 밭둑 따라 잘 뻗어가도록 돌보다 찾아낸 이슬 묻은 호박을 놓고 돌아나가는 아랫집 노인의 젖은 바짓가랑이. 뒤따라가는 맑은 햇살. 뒤란에 온통 푸른빛이 일렁이는 삽화가 그려지는 날은 하루를 굳이 서둘러 시작하지 않는다. 사소하고 작은 것들이 결국에는 온 우주를 이룬다는 것을 천천히 음미한다.

삶의 삽화들을 오래 붙잡아두고 싶은 날은 소로가 월든 호숫가에 짓고 살았다는 작은 통나무집을 떠올리곤 한다. 단순하고 소박한 삶을 실천한 헨리 데이비드 소로의 오두막집에는 의자가 세 개

있었다고 한다. 하나는 고독을 위해서, 다른 하나는 우정을 위해서, 또 하나는 사교를 위한 것이었다. 우리 집에는 의자가 너무 많다. 질경이가 고개를 드는 장면을 좀 더 오래 바라보고 싶은 날은 의자 세 개만 놓을 수 있는 작은 집이었으면 할 때가 있다. 그런 날은 마당을 뚝 떼어 호박이나 심어 먹게 아랫집 할머니께 주어버릴까 하는 부질없는 생각을 해본다.

저녁나절, 잡초 뽑기는 다시 내일로 미룬다. 몽테뉴 수상록을 펼친다.

오디 따기

사소한 것에 힘을 쏟는다. 흙이 무너지면 계곡으로 굴러떨어질 수도 있다. 그런데도 까만 오디를 따기 위해 몸을 늘여 뽕나무가지에 매달린다. 건포도처럼 까맣게 마른 단 오디에는 개미가 붙어있기에 십상이다. 붉은빛이 남은 오디는 새큼하다. 열 살 때쯤부터 잘 익은 까만 오디를 찾아내는 눈을 길러왔기 때문에 오늘 오디 따는 일은 사소하지 않을 수도 있다.

산책 삼아 나왔던 길이었다. 아욱밭을 에워 돌자 뽕나무가 나타났다. 밭의 쇠똥 거름이 흘러들었는지 몇 년 사이 마을 앞 느티나무를 따라잡았다. 새참 먹기 좋을 만한 뽕나무 그늘이 밭 끝에 걸

쳐 있다. 그늘에 쉬어가려고 멈췄다가 까만 오디에 이끌려 산책을 그만두었다. 오디 담을 그릇이 없어 따는 족족 입속으로 넣었다.

처음 목구멍으로 넘긴 오디가 뱃속에 다다랐을 즈음 어떤 말이 생각났다. 겉보기에는 멀쩡한 오디도 속에 벌레가 말도 못 하게 많더란 얘기를 여러 사람한테서 들은 적이 있다. 오디를 바구니에 담아 두고 얼마간 시간이 지난 후에 보면 온통 벌레로 뒤덮이더라는 것이다. 손바닥에 오디 몇 알을 올려놓고 이리저리 굴려보아도 벌레는 보이지 않았다. 뽕나무 밑에서 오디 속 벌레를 기다리기란 추억 속의 그 일에 비하면 참 재미없는 일이다.

학교에서 돌아오면 우리는 노란 주전자 하나씩 들고 타작마당으로 모였다. 딱히 약속하지 않아도 자연스러웠다. 아직 완전한 여름은 아니건만 한 친구는 땀이 흘러 이미 머리카락이 젖었다. 점심을 먹는 둥 마는 둥 달려왔다는 증거다. 고개 너머 뽕나무밭으로 걸어가는 동안 벌써 입안에 침이 고인다. 멀리서도 까만 오디를 알아볼 수 있다. 우리가 학교에 간 사이 어른들 누구도 오디를 따지 않았다. 대부분의 오디는 우리 차지다.

거의 매일 오디를 따먹기 때문에 양은 많지 않다. 처음엔 오디를 모아 집으로 가져갈 요량으로 쉬지 않고 주전자에 따 담는다. 나무를 옮겨 가는 동안 주전자 속의 오디를 들여다보면 흐뭇하다. 얼마

지나지 않아 점점 딸 수 있는 오디가 없어지고 눈과 손이 심심해진다. 양을 가늠하기 위해 주전자 속을 들여다본다. 이때 주전자 뚜껑을 다시 닫아 두기란 정말 힘들다. 으깨진 오디 한 개만, 하고 조금 못생긴 오디를 집어 입속에 넣는다. 으깨진 차례로 집어내다 보면 바닥이 드러나고야 만다.

그때 알았다. 나의 참을성이란 단맛 앞에서 금방 무너지고 만다는 것을. 손가락과 입술을 잉크 빛으로 물들인 채 주전자를 흔들며 타박타박 집으로 돌아온다. 오디가 으깨질까 조심할 필요도 없다.

빈 주전자를 들고 집에 들어서면 혼자 괜히 멋쩍다. 오디를 실컷 먹고도 허기를 느끼는 날이다.

다음 날 오후에는 주전자 칠할 정도 차게 오디를 따온다. 그런 날은 점심을 먹을 대로 먹었고, 아무도 오디를 따가지 않은 숨어있는 뽕나무를 찾아낸 날이다. 개미가 먹다 남긴 오디와 덜 익은 오디를 적당히 따먹었기 때문에 주전자 뚜껑을 열어도 다시 닫을 수 있다. 초여름 저녁나절, 오디가 담긴 주전자를 마루에 내려놓을 때면 가슴 한쪽이 무언가로 꽉 차오르곤 했다.

지금 내 손바닥 위의 오디에 벌레가 있다는 소문이 맞을지도 모른다. 벌레 때문에 멀쩡한 오디를 던져버린다면 달곰한 오디는 어디서 먹어보겠는가. 고 작은 것 속에 벌레가 들었으면 얼마나 들었겠는가.

오늘 오디 따기는 사소하지 않다. 손바닥 위에 놓고 굴려보던 까만 오디 몇 알을 입속으로 톡 털어 넣고 다시 뽕나무를 올려다본다.

그린썸

처음엔 그렇다. 온실에서 키워 철 이르게 내놓은 상품으로부터 시작해야 한다. 웬만한 안목과 정보로도 다른 방법을 찾기란 어렵다. 어렵긴 해도 다른 방법이 전혀 없는 건 아니다. 꽃에 특별한 관심이 있으면 남의 정원 여기저기 흩어져있는 어린 싹이 눈에 들어오게 되어있다. 그걸 몇 포기 얻어다 심으면 온실에서 나온 꽃보다는 기르기가 수월하다.

마당이 생기고 처음 들여온 풀꽃이 파라솔이었다. 그것은 쑥갓 같기도 했고 어찌 보면 새로 나온 쌈채의 한 종류 같기도 했다. 물과 영양제로 온실에서 키운 식물이라 뿌리보다 몸체가 지나치게

켰다. 풀꽃이라고 말하지 않으면 저녁 반찬거리쯤으로 여길 만큼 보드라운 잎이 너풀거렸다. 세 포기를 배수가 잘되는 마사토에 삼각으로 배치해 심었다. 물과 흙과 날씨가 알맞아 점점 단단한 풀꽃으로 자리 잡아갔다. 4월 중순이었다.

이른 봄에 풀꽃을 심는 건 모험이다. 꽃샘추위라는 놈이 폭삭 주저앉혀버릴 때가 있기 때문이다. 그런 염려를 완전히 내려놓을 수 있는 시기는 5월 초 정도다. 벚꽃이 일찍 피고 반소매 옷차림의 사람들이 거리로 나서도 영하의 아침이 기습적으로 올 수도 있다는 걸 명심하고 안전한 시기를 기다려야 한다. 체험으로 얻은 결과다. 지역에 따라 다르겠지만 내가 사는 대전 근교는 봄이 좀 늦다. 그해 꽃샘추위가 덜해 파라솔이 살아남았다.

장마 즈음 꽃이 피기 시작했다. 꽃송이가 비즈처럼 작아도 모여 피기 때문에 그렇게 작게 느껴지지는 않는다. 이 줄기에 꽃이 피면 저 줄기의 꽃은 지는 식으로 여름 내내 풀꽃의 존재감을 더해갔다. 서리 내릴 때까지 보라와 핑크와 흰색이 한 덩어리가 되어 군락을 이루었다. 첫눈이 마당을 덮는 날까지 꽃으로의 역할을 톡톡히 하고 비로소 색을 내려놓았다.

파라솔은 십수 년째 정원 구색 갖추는 데 일조하고 있다. 벌 나비를 부르는 색으로, 코끝에 감기는 향기로 아우성치는 다른 꽃과는 대조적인 이 꽃을 눈여겨볼 필요가 있다. 꽃에 관심이 있으면 작은 틈새, 구석진 곳에서 조용히 제 역할 하는 파라솔이 보이게 되어있다. 그래서 이 풀꽃을 놓치지 않도록 관리하는 것이 중요하다.

설 쇠고 볕 따뜻한 날, 겨우내 삭아 내린 파라솔 흔적을 치우고 정리한다. 근처의 흙은 만지지 말고 그대로 두어야 한다. 꽃 진 자리에는 꽃씨가 떨어져 있기 마련이다. 그걸 염두에 두고 그 주변을 눈여겨보는 것이 봄 되면 먼저 할 일이다. 흙을 만져버리면 일년초는 사라져버릴 확률이 높다.

파라솔은 다른 꽃에 비해 싹이 늦게 나오기 때문에 인내심이 필요하다. 5월 초에 드디어 아주 작은 싹이 보이기 시작한다. 처음 한두 개부터 시작해서 점점 빽빽하게 올라온다. 흙을 만지지 않았다면 분명히 그렇다. 먼저 싹튼 포기는 한 달도 채 되기 전에 꽃이 핀다. 땅속에서 추위를 견디고 자연의 달력에 따라 자신의 힘으로 흙을 뚫고 나온 꽃이라 첫해와 비교도 안 될 만큼 강하다는 걸 눈으로만 봐도 느낄 수 있다. 정원일 하다가 실수로 밟아버려도 다음 날 아침이면 다시 고개를 들고 방긋 웃는다.

파라솔은 그런 과정으로 대를 이어간다. 처음 한 번은 꽃집에서 구해다 심고 그것을 지키고 늘려서 다른 사람에게 나누어주는 재미를 누릴 수도 있는 그런 풀꽃. 살랑살랑 바람 부는 유월이면 우리 마당에는 파라솔이 가득해진다. 또 파라솔을 눈여겨본 이웃 몇 집의 마당가에도 고 작은 것이 군락을 이루고 있다.

자기 능력만큼의 삶을 세상에 펼쳐놓는 것이 모든 살아있는 것들의 기본이 아닐까 파라솔을 보고 있으면 그런 생각이 든다. 파라솔이라는 풀꽃도, 정원 가꾸는 나도, 파라솔을 몇 포기 분양받아간 이웃도 아무 조건 없이 그냥 그렇게.

보풀

첫추위 예보에 옷장을 연다. 바로 입을 수 있는 카디건 하나를 손쉬운 위치로 옮겨놓는다. 사실 이 옷은 내 손에서 떠나보낼 뻔했다가 돌아왔다. 입고 얼마 지나지 않아 보풀이 일기 시작했다. 처음 느꼈던 보드라움에 비해 질이 좋지 않은 것 같았다. 취급 부주의인가 하고 특별히 조심해보아도 점점 범위를 넓혀갔다. 보풀을 핑계로 함부로 입기 시작했다. 형편없는 옷이 되고 말았다.

현관 앞에 내놓았다. 분리수거함에 넣기 위해서였다. 현관을 드나들다 어느 날 봉지 속에서 카디건을 건져냈다. 혹시나 하는 마음으로 세탁소에 맡겨보았다. 옷이 멀쩡해져서 돌아왔다. 보풀은 옷 전체를 생각하면 별것이 아니었다.

그 옷에는 특별한 이야기가 담겨 있다. 그날 샹젤리제 거리에서 오르락내리락하고 있을 때 개선문 쪽에서 눈바람이 휘몰아쳐 내려왔다. 날씨에 대한 대비는 경량우산 하나뿐이었다. 그 거리에 입성했다는 감격은 짧게 지나가고 말로만 듣던 루이뷔통의 본사라는 건물을 필두로 온갖 화려한 가게들의 열기에 주눅이 들기 시작했다. 순전히 때아닌 비바람 때문이었다. 화려한 불빛에 쫓기듯 뒷골목으로 돌아 들어갔다. 늦은 점심을 해결하기 위해서였다. 겨우 찾아간 작은 케밥 집에서 비로소 시린 손을 녹일 수 있었다.

케밥으로 속을 달랜 후 계획대로 관광하고 숙소로 돌아가려고 했다. 개선문 전망대에 올라 구획이 잘 되었다는 파리 시내를 내려다보면서 다음날 갈 곳을 가늠해보는 동안에도 눈바람은 계속 날렸다. 순간순간 비바람으로 바뀌기도 했다. 옷과 신발이 축축하게 젖어 들자 신경은 점점 추위로 옮겨갔다. 관광객들 사이에서 카메라 셔터를 눌러대던 남편이 시야에서 사라지는 모습을 벽에 몸을 기대고 서서 멀거니 바라보았다. 몽마르트르 언덕이니 에펠탑이니 그런 것보다 그 순간은 집 생각이 간절했다.

출발할 때의 설렘은 컸다. 유럽 여행도 처음이었고, 자동차여행도 처음이었다. 롱샹성당에서 돌아 나오는 도로 위에서라든지, 체코 자작나무 숲길을 달릴 때는 물론 감격했다. 그런데 베른 장미공원에서 내려왔을 때 날은 이미 저물었고, 다음 목적지까지 가기에는 배가 너무 고팠다. 평소 내가 쪼잔하게 굴 때는 남편이 허세를 부리고 남편이 쪼잔하게 굴 때는 내가 허세를 부리는 경향이 있는데, 그날 역시 베른에서 하루 더 보내자는 내 허세가 먹히지 않았다. 물가가 비싸다는 이유였다. 여행 중이라는 특수 상황에서는 내 허세가 먹혔던 때를 생각해보면 정말 이상했다. 우리가 묵을 숙소의 간판을 찾았을 때는 이미 그로기상태로 눈이 십 리는 꺼져 들어간 후였다.

남편이 종이 가방을 안고 뛰어왔다. 얼굴에는 빗물이 흘러내리고 있었다. 그가 안고 온 가방 속에는 까만 캐시미어 카디건이 들어 있었다. 샹젤리제 거리에 오르락내리락할 때 추위를 피하느라 어느 옷가게에 들어가 만져보고 입어보았던 옷이었다. 비바람을 정면으로 맞으면서 뛰어온 그 덕분에 카디건을 겹쳐 입고 지하철과 버스를 갈아타고 숙소로 돌아가는 동안은 땅이 대신 걸어주는 듯했다.

숙소는 파리 변두리 캠핑장이었다. 그때는 파리 중심으로 들어가 호텔을 정하고 관광을 할 만한 배포까지는 가지지 못했던 것 같다. 이건 순전히 내 생각이다. 여행을 계획하고 주도했던 남편 생각은 아마 다르지 싶다. 누가 물어보기라도 하면 그는 분명히 그 캠핑장에 일부러 갔다고 할 것이다. 어쨌든 프랑스에 왔으니까 파리를 빼놓을 수 없어서 대중교통으로 시내 중심에 쉽게 닿을 수 있는 그곳에 차를 세웠다. 오전 일찍 시내로 들어갔다가 해가 지면 빠져나오는 식이었다. 처음엔 공원 숲을 지나 지하철역까지 가는 길만으로도 들떴다.

그러나 오랑주리에 입장해서 모네의 수련 연작을 감상하고 싶은 나와, 어차피 시간상으로 그림은 대충 보게 될 것이니 미술관이나 박물관 외관에서 건축적 예술성을 찾아보는 게 낫다는 남편과의 간극은 컸다. 각자 갈 데로 헤어졌다가 시간을 정해놓고 만나기도 하고 또 하나씩 양보도 했다. 의견이 물 흐르듯 맞아떨어질 줄 알았던 여행에서도 타협이라는 게 필요했다. 연일 걷고 또 걸으면 센 강변 아니라 구름 위를 걷는다고 해도 다리가 아플 수 있다는 걸 그때 알았다. 그렇게 다리가 아프거나 추적추적 비가 내리는 날은 밀린 빨래를 핑계로 하루를 비웠다.

여행은 많은 이야기를 남기고 마무리되었다. 그때의 여행으로써 그날그날의 여행에서는 권태를 느낄 수도 있지만, 여행 전체를 생각하면 아름다움을 느끼고 열광하는 여행자의 대열에 서게 되었다.

여행이라는 큰 틀에서 보면 의견 불일치 같은 건 아주 지엽적인 문제인 것처럼 보풀은 겉에 보이는 작은 트러블 같은 것이었다. 다시 샹젤리제 거리를 걷는다면 그 거리에 비가 내려도 눈이 내려도 여유를 가질 수 있으리라. 내 가방 속에 카디건이 준비되어 있을 테니까.

앙투카

집에 우산이 여러 개 있다. 굳이 가지려고 하지 않아도 자꾸 생긴다. 그것들은 비료 포대 비옷을 입고 학교에 갔던 때를 까맣게 잊게 만든다. 여러 개가 있으니 잃어버리거나 부서져도 아깝다는 생각을 별로 하지 않는다. 그중 비가 올 때는 우산인데, 해가 날 때도 쓸 수 있는 특별한 하나가 있다. 앙투카다. 비가 올지 해가 날지 알 수 없는 오늘 같은 날의 안성맞춤이다.

삶은 때때로 인색하다. 아무런 해프닝 없는 나날이 이어질 때, 가끔은 뜨거운 햇빛 아래 어떤 대책도 없이 노출되어있는 것처럼 무기력에 빠지곤 한다. 그런 지리멸렬한 나날을 대번에 바꾸어 놓을 앙투카 같은 기능을 하는 게 있다. 특별한 그림 전시 관람권이나 공연 티켓 같은 것이다.

자잘한 일이 끝없이 이어지는 게 삶이다. 하루 시간 내기도 쉽지 않다. 주말이라서, 비 예보가 있어서, 또 그 후에는 추석. 그런 중에 어느 월요일로 날을 잡고 베르나르 뷔페 그림 전시 관람권을 예매했다. 초가을 장마 사이 하루 반짝 맑게 갠 날이었다. 상쾌한 공기와 파란 하늘이 한 걸음 앞서 서울에 닿아있었다.

베르나르 뷔페는 프랑스 화가다. 피카소의 대항마로 주목받은 천재였다. 앤디 워홀은 그를 프랑스 회화의 마지막 거장이라고 했다. 그의 시그니처는 직선이다. 직선을 화가의 심리 강박으로 해석한 평에 난 동의할 수 없다. 2차 세계대전 전후 시대적으로 암울했던 초기의 그림이 가난과 우울의 표상이라는 건 시대를 말하는 것이지, 화가의 심리를 말하는 것은 아니라고 본다. 그림의 색이 연하고 단순하다는 것 역시 화가의 심리와 연결 짓고 싶지 않다. 물감을 연하게 칠하거나 임파스토를 실험한 것은 그 시기의 기법일 뿐, 화가의 심리 상태를 대변했다고 볼 수만은 없을 것이다.

뷔페의 초기 정물화 앞에 멈추었다. 열다섯 살 전후의 뷔페는 최소한의 색으로 그림을 그렸다. 또 물감을 얇고 옅게 칠했다. 빈약해 보이는 그림 속 오브제들이 나를 어린 시절로 데리고 갔다. 그 시절이 가난했다기보다는 수수하고 순수했다고 위로의 말을 걸어오는 듯했다. 고구마로 대신한 저녁보다, 엄마가 고등어 살을 발라준 아침이 더 많았다는 걸 일깨워주었다. 되살아난 이미지에 고립되어 도슨트의 다음 그림 설명을 놓쳤다. 맑고 밝은 색채의 그림은 시대는 암울했으나 화가의 영혼은 한없이 맑고 순수하고 자유로웠다는 증거이리라.

뷔페는 어린 시절에 그린 그림으로 대성공을 거두었다. 이른 성공은 그를 시기와 질투의 대상으로 밀어 넣었다. 뷔페는 천재성을 인정받았을 때나 부와 재능을 시기하는 평단의 공격을 받았을 때나 언제나 그저 자신의 방식으로 그림을 계속 그렸다고 한다. 작가였던 그의 아내 애나벨의 영향으로 문학작품을 그림으로 그렸다. '해저 2만 리' '오디세이' 같은 그림은 대작으로 남겼다. 카뮈의 '이방인'과 프랑수아 사강의 '독약' 삽화도 그렸다.

뷔페는 오직 그림을 그렸다. 가난했고, 화려했고, 고독했던 삶에서 그림만이 그를 살게 했다. 따가운 세상의 질시를 피해 그림 속으로 숨었다. 뷔페의 그림은 당시 그에게는 강하게 내리쬐는 햇빛을 막아주는 양산이었고, 세월이 흘러 지금 그의 그림을 감상하는 내게도 그런 역할을 하고 있다. 양산으로 잠시 뜨거운 해를 피하면 시원한 바람이 부는 곳으로 들어갈 수 있다. 하늘이 파랗다는 걸 다시 알아차리게 된다.

장마 틈에 반짝 해가 나면 유난히 뜨겁다. 미술관 광장을 가로질러 나올 때, 눈이 부시고 정수리가 화끈거렸다. 햇빛을 피하려고 종종걸음을 놓다가 양산을 펼쳤다. 뫼르소의 주머니에 베르나르 뷔페 그림 전시티켓 같은 게 있었더라면 혼돈에 빠지지 않았을 테고, 방아쇠를 당기지 않았을지도 모를 일이다. 그런 생각을 하면서 고 작은 그늘 속에 되도록 몸 전부를 넣으려고 요리조리 방향을 틀면서 되살아난 시각적 이미지 속으로 걸어 들어갔다.

항칠

어떤 추상화 앞에서 자기암시를 해본다. 자유롭다. 부드럽다. 온화하다. 음률이 느껴진다. 정신의 파동아 미세하게라도 일어나라. 일어나라. 실눈을 뜨고 그림을 한 번 더 쳐다보고 다시 눈을 감는다. 속으로 주문을 외며 잠시나마 적멸의 순간에 들기를 기다린다. 무의식의 세계로 넘어가 지지는 않고 엉뚱한 의식만 머릿속에 또렷하다.

어디로 갔을까. 그 그림을 두었더라면 오늘 저 그림과 비교라도 해보았을 텐데. 저런 그림이 미술관에 전시된 걸 보면 내 그림도 어쩌면 작품이었는지도 모른다. 감히. 액자에 넣어 고급스러운 미술관 벽에 걸고 조명을 비추고 제목을 달아 설명을 해 놓았더라면 나 같은 사람은 뭔가 깊은 의미를 찾아내려고 그 앞에서 묘한 표정으로 한참을 서성일 수도 있는 문제다. 내 주위에는 그림을 봐주는 사람이 없었고 그림에 대한 안목을 가진 사람도 없었기 때문에 항칠이라는 이름을 달고 그것들이 사라져버렸다.

미술관에 가야겠다는 생각을 자주 한다. 일상에 붙잡혀 한 걸음도 앞으로 나가지 못하고 있다는 사실이 의식되는 순간, 미술관으로 간다. 그림에 대해서 잘 모르고 그냥 눈으로만 보면서도 그렇다. 전문가처럼 그림을 읽어낼 수 없기 때문에 오히려 나만의 즐거운 상상이 가능하다. 마음의 눈으로 볼 수 없는 세계를 가지고 있다고, 그것이 있어 삶이 제법 의미 있다고 스스로 말을 걸어보기에 알맞은 장소가 미술관이다.

지금까지 소소한 전시에서부터 일간지에 대대적으로 광고까지 하는 그림 전시를 두루 거쳤어도 그림에 대한 안목이 없기는 예나 지금이나 마찬가지다. 그러니 사라진 내 그림처럼 나도 내 아이의 그림을 항칠이라고 단정 지어 그냥 지나쳐버렸을 확률이 높다. 그렇게 대를 이어 그림에 대한 천재성이 사라져버렸을지도 모른다. 그것만 알아봤더라면 지금 어쩌면 추상화가로 살고 있을지도 모른다는, '아무리 봐도 항칠 같은 그림 때문에' 그런 상상이나 해보면서 히죽 웃는다.

적멸이라는 제목으로 조명을 받는 그림과 적멸해버린 내 그림들. 처음엔 흙 마당이나 담벼락에 그렸고 종이 위에 수없이 그렸던, 그것들은 이미 거름더미에 묻혔고 바람에 날려 공중분해 되었고 도랑물에 떠내려가 바다에 녹아들어 버렸다. 항칠의 기억 때문에 옛날 생각에 젖는다. 내 그림은 항칠이라 정의되어 적멸해버렸지만, 결코 사라져 없어지지 않는 어린 시절의 추억, 그 시절을 떠올릴 때, 그때가 바로 적멸의 순간이 아닐까.

그 추억 속에는 온갖 색들이 섞여 있다. 색 돌이 발길에 차이면 그것을 크레파스 삼아 친구를 그리고 나무와 사과를 그리고 어디든 자유롭게 날아다니는 새도 그렸다. 집 담벼락에 그리는 것을 금지당하면 친구네 마구간으로 가서 또 그렸다. 친구가 미울 때는 대놓고 하지 못하는 '바보'라는 글자도 적었다. 내 낙관을 알아본 친구가 자기는 바보가 아니라고 나를 향해 외쳤고, 그날의 항칠은 그의 동생 돌떡을 얻어먹지 못하는 결과를 낳고 말았다.

친구는 내 그림 앞에서 지금 나처럼 한참을 서서 뜻을 알아내려고 애썼을 것이다. 파랑새를 잡으러 간다는 뜻인지 참새를 잡았다는 뜻인지 해석해내려고 애쓰다가 결국에는 바보라는 글자를 보고 그림이 아니라 항칠에 불과하다는 결론을 내렸음이 틀림없다. 그

때 친구가 보이는 것 너머에 있는 내 마음을 읽어냈더라면 돌떡 먹을 날을 손꼽아 기다리는 나를 그렇게 쉽게 패스하지 않았을지도 모른다.

중요한 것이 현상 너머에 있을 때도 있다. 그래서 내 마음과 더불어 가까운 사람들의 마음을 알아채지 못하기도 한다. 정작 중요한 것은 알지 못하고 아직도 그때처럼 항칠이나 하고 있는 건 아닌지 불현듯 참을 수 없는 가벼움이 느껴지면 혼자 가만히 어디라도 가고 싶어진다. 그렇게 일상의 환기를 반복하다보면 삶의 중심을 파악할 힘을 조금이나마 얻게 되지 않을까 한다.

내 항칠에 의미 있는 제목이라도 붙여 그림이라고 우겨보고 싶은 오늘, 추상화 앞에서 세상에 대한 시선이 조금 더 넓어지고 깊어질 것이라는 즐거운 상상을 하면서 오래 서있어 본다. 이렇게 해서라도 현상 너머의 어떤 것에 닿을 수 있다면 그림에 한층 가까운 항칠이라도 할 수 있으리라.

맥주 한 잔

맥주가 국이다. 밥 먹다가 목메면 맥주 한 모금 마신다. 두 잔 석 잔까지 마실 때도 있다. 심심한 날이 계속되거나, 힘든 일이 연속으로 있고 난 뒤에는 어김없이 목이 탄다. 타는 목을 잠재우기에는 맥주가 그만이다. 손님에게도 국 대신 맥주를 낼 때도 있다. 그건 어디까지나 그 사람의 취향을 봐가면서 정한다. 아버님이 오시거나 할 때는 당연히 국을 드린다. 아버님은 국에 밥을 말아 드시는 경향이 있음으로 며느리가 국 대신 맥주를 내면 아마 밥을 맥주에 말아 드시는 사태가 벌어질지도 모른다. 그런 사태를 막기 위해 국을 끓인다.

근래 국을 거의 끓이지 않기는 해도 마음만 먹으면 국 끓이는 것쯤이야 누워서 떡 먹는 것보다는 잘할 수 있다. 누워서 떡 먹는 건 사실은 어려운 일이다. 맥주를 국 대신 먹는 게 국 끓이는 솜씨가 없어서이거나 국 끓이는 일이 귀찮아서 그런 건 아니다. 지금도 좋은 국거리가 생기거나 또 가족이 뜨끈한 국이 필요한 상황이면 언제든 냄비를 올린다. 감기 걸린 가족한테 맥주를 줄 수는 없으니까.

결혼 초의 살림에서 좀 힘들었던 게 국 끓이는 일이었다. 나물도 무칠 수 있고 전도 부칠 수 있는데 국은 난감했다. 국이면 국 나물이면 나물, 한 가지 반찬으로 밥을 먹으면 편할 텐데, 하는 생각을 해보면서도 머릿속에는 가정 시간에 배운 오첩반상이니 칠첩반상이니 그런 단어들이 떠다녔다. 얼마 지나지 않아 국도 잘 끓일 수 있게 된 건 그 덕분이지 싶다. 낙장불입, 국 끓이는 것 때문에 결혼을 물릴 수도 없는 일이라 엄마와 시어머니로부터 국 끓이는 몇 가지 방법을 배웠다. 두 분 다 국에는 일가견이 있는 것 같은데, 딱 한 가지 이상한 점은 국에 콩 알갱이가 떠다녔다. 난 그 콩 알갱이가 원초적이라 싫었다.

청출어람. 시어머니께서 내가 끓인 시래깃국을 드시고 추어탕인 줄 아셨던 적도 있다. 디포리와 무와 양파 같은 채소로 맛국물을 내고 된장을 푸는 식은 같은데, 그다음부터는 나만의 방법으로 했다. 콩 알갱이가 떠다니지 않게 된장을 갈아서 넣었다. 매운 고추를 다져 넣고 들깻가루나 쌀가루를 풀고 부추와 방아잎을 넣으면

꼭 추어탕 같은 맛이 난다. 시래깃국에 자신이 생기자 한 번에 많이 끓여 내내 그것만 먹었다. 남편이 중저음의 목소리로 시래기가 아직도 남았느냐고 물을 때까지, 가을부터 겨울까지 한 가지 국이었다. 듣고 보니 그게 잔소리 같은 거였다. 듣기 좋은 꽃노래도 한두 번이고 먹기 좋은 떡도 물릴 때가 있는 법.

시래기 다음으로 흔한 게 미역이다. 불린 미역을 들기름에 볶다가 기름 뺀 참치를 넣고 멸치와 채소로 낸 맛국물을 부어 푹 끓이면 미역국이 된다. 참치보다는 소고기를 넣어야 더 맛있는 건 당연지사지만 형편에 따라 주로 참치 미역국을 끓였다. 심심하게 끓여 밥 말아 후루룩후루룩 먹었다. 다섯 가지 일곱 가지 반찬 없이도

밥을 잘 먹을 수 있었다. 그렇게 미역국만 사나흘 차렸더니 또 남편이 낮은 소리로 우리 집에 산모가 있느냐고 물었다. 처음엔 무슨 소린가 했다. 국이 없으면 밥이 넘어가지 않는다는 사람이 국 타박을 하다니.

국은 손도 많이 가고 여러 가지 재료도 필요하다. 그나마 봄에는 국끓이기가 좀 편하다. 쑥, 달래, 냉이를 돌려가면서 끓이면 세 가지 국이 되고 바지락이나 도다리도 봄이 제철이다. 어떤 재료로 국을 끓여도 봄에는 봄맛이 난다. 봄에는 봄맛이 나고 가을엔 가을맛이 나는 게 국이지만, 물 붓고 끓이기만 한다고 국이 되는 건 아니다. 혹자는 물 붓고 끓이기만 하면 국이 되는 줄 아는데 그렇지가 않다. 그 혹자가 몹시 더운 여름날 찬물에 소금과 오이만 넣어 냉국을 만들어 달라고 한 적이 있다.

더운 여름에 주로 먹는 냉국은 더운 여름에 만드니까 땀깨나 흘려야 제대로 만들 수 있다는 사실을 모르고 하는 소리다. 맹물로 만들면 맹탕이라는 것도 해보지 않았으니 모를 것이다. 기본 없이 양념만으로 감칠맛을 내기란 어렵다. 맛국물을 내서 냉장고에 차게 넣어두고, 그걸 기본으로 오이냉국, 가지냉국, 미역냉국을 만든다. 갖은양념에 오이를 무쳐 양념이 배어들게 두었다가 맛국물을 붓는다. 얼음을 넣어야하니까 간을 좀 세게 한다. 몇 가지 과정을 시간상으로 잘 맞추어야 냉국의 효과를 올릴 수 있다. 국 없는 밥상을 생각지도 못하고 살았는데 그것을 깨는 계기가 있었다. 꼭 국이 아니어도 잘 살 수 있다는 걸 체험했다.

유럽으로 여행을 간 건 참 다행한 일이었다. 물보다 국보다 싼 맥주가 있다는 걸 알았다. 여행 내내 국 같은 건 한 번도 생각하지 않았다. 국을 끓여야 하는 나는 당연하지만, 국 없이 밥 못 먹는다던 남편도 마찬가지였다. 국만 그런 게 아니라 밥도 까맣게 잊어버린 듯 아침이면 커피와 빵을 먹었고, 저녁에는 맥주와 스테이크를 먹었다. 그러다 몇 번 더 여행을 가서는 간혹 아침에도 맥주를 마셨다. 국 대신이라는 토를 달았다. 맥주 하나로 세 가지가 해결되었다. 그 세 가지를 다 충족시키는 맛이 맥주 속에 들어있다는 걸 점점 느꼈다.

아무리 시간과 정성을 들여도 국은 '국' 한 가지 이상의 것이 되어주지 못한다. 맥주는 술이고, 국이고, 물이다. 맥주를 좋아하지 않을 수가 없다.

그럼에도 불구하고

나도 가끔은 그런다. 굳이 운전대만 잡으면 손이나 팔이 햇볕에 타는 것이 걱정이다. 운전 전에 장갑을 끼든지 토시를 하든지 해야 하는데 꼭 맨손으로 운전대를 잡고야 그걸 생각한다. 그래서 운전 중에 장갑을 껴 보겠다고 요술 아닌 요술을 부린다. 아무리 애를 써도 차가 흔들리고 때로는 차선을 밟기도 한다. 이건 절대적인 비밀이었는데 아침의 그 남자 때문에 고백하는 것이다.

그 남자는 왜 굳이 운전 중에 전화통화를 해야 했는지. 옆 차선으로 달리던 중형승용차가 내 옆으로 붙었다가 떨어졌다가를 반복했다. 차선을 넘어오기까지 했다. 뒤에서 그 꼴을 지켜보다 안 되겠다 싶어 앞질러 갔다. 지나가면서 도다리 눈을 하고 흘겨보았더니 전화기를 잡고 있었다. 자기 아내에게 어제저녁의 잘 못을 빌고 있는지 몰골이 부스스했다.

그러게 좀 잘하지. 어제저녁 분명 늦게 집에 들어갔다가 사람대접 못 받고 부랴부랴 출근길에 나선 것이다. 어디 한두 번이라야지. 아들 녀석이 아빠 얼굴 못 본 지가 며칠 째인지. 재활용분리 수거는 이주 째 그냥 지나갔다. 아내로 하여금 어린 아들 녀석에게서 한시도 눈을 떼지 않게 하려고 분리수거는 굳이 자기가 맡았다. 그랬으면 책임을 져야지.

그 책임감 없는 남자를 믿고 사는 딱 한 사람, 그 아내만 속이 탄다. 손이야 물에 퉁퉁 불어도 좋으니 아들 녀석 아빠 얼굴은 잊지 않게 해주어야지. 백날 회사 앞 삼겹살집에 앉아 있어봐야 누가 알아주기를 하나 눈치가 없다. 삼겹살집 주인의 음료수 선심에 자기를 칙사 대접이라도 하는 줄 알고 단골이 되었다. 수입 삼겹살은 아내가 사다 놓은 제주도 생삼겹살과는 비교가 안 된다는 걸 그 남자만 모른다.

그 눈치 없는 남자도 출근길에는 정신이 번쩍 든다. 정신을 차리고 보니 속도 쓰리고 마음도 쓰리다. 이렇게 살아서는 안 되겠다 싶어 굳이 운전 중에 전화기를 꺼내 아내에게 마음을 전한다. 어쩔 수 없었던 사정도 설명하고 오늘은 꼭 일찍 들어가겠다고 약속 한다. 약속을 퇴근 시간까지 기억하려는지가 걱정이다.

퇴근 시간이 가까워져 멍하게 앉아있는 남자를 옆자리 동료가 툭 친다. 넋 놓는 이유를 굳이 생맥줏집에 가서 들어주겠다고. 찬 생맥주 한 잔만 들이켜면 쓰린 속이 확 뚫릴 것 같기는 하다. 그래, 딱 한 잔이면 그리 늦지는 않을 것이고 맥주 한잔에 아들 녀석 얼굴을 몰라보지는 않겠지. 그 남자, 집과 생맥주사이에서 갈등하다 정신을 차리고 동료의 제의를 다음으로 미룬다.

밝을 때 집에 들어가는 게 얼마만인지. 놀이터에서 생기 넘치는 소리가 들린다. 아들 녀석이 놀다가 두고 갔는지 그네가 흔들거리고 있다. 어두운데 있다가 나왔을 때처럼 눈이 부시어 잠깐 현기증을 느낀다.

아들 녀석이 혀 짧은소리로 인사 한다. 엄마 치맛자락을 놓지 못하는 아들의 모습에 지난 시간을 되돌리고 싶다. 아이스크림 봉지를 아내에게 건네고 팔을 벌려 아들을 안는다. 술 냄새 때문에 코를 잡고 도망치던 아이가 어느 새 부쩍 자랐다.

해거름에 주말 농장에 나갔다. 손바닥만 해도 자주 나가 돌보지 않으면 금방 풀이 무성해진다. 상추를 뜯고 있는데 한 번도 보이지 않던 옆 밭의 주인이 나왔다. 밭가에 세워둔 차, 바로 아침의 그 차다. 어떻게 된 건가. 구청에서 둔치 옆에 땅을 마련하여 주말농장을 분양했다.

나도 가끔은 그런다. 밖에 나앉아 밥 먹고 차 마시고, 상대방의 최신유행 버전의 흥부이야기에 리액션을 크게 취하며 웃느라 열 평 텃밭을 잊어버린다. 그럼에도 불구하고 상추는 잘 자란다.

비로소 편안한 저녁을 맞을 그 남자, 다시는 삶을 찾아 가정 밖에서 헤매지는 않겠지. 다시는 흔들리는 운전도 하지 않을 것이다. 오랜만에 텔레비전 앞에 나란히 앉아 아이스크림을 먹는 그 남자의 가족을 그려본다.

막지리 링컨

오래된 수첩을 뒤적이다 눈이 가는 페이지를 발견했다. '모모가 포댓자루를 메고 와서 실수로 사람을 죽였다 하면, 같이 묻어주겠다'는 내용이 적혀있다. 설화까지 인용해 적어 놓은 것으로 보아 당시 진정한 친구를 얻었다고 느낀 게 분명하다. 느낌이나 다짐을 기록으로 남기는 것은 그만큼 강렬하기 때문이다. 따뜻한 느낌을 마음속에 저장하고 또 수첩에 기록하는 행위는 삶이 추울 때를 위한 준비다.

수없이 드나들던 골목에 낙엽이 쌓여간다. 청설모가 두고 간 호두 한 알 바람 따라 구른다. 내 발소리에 놀라 젖은 호두를 놓고 부리나케 달아나더니 찾아가지 못하고 말았다. 청설모의 걸음이 느려질 즈음이면 내가 바빠진다. 무청도 거두고 버섯도 말린다. 호박고지, 가지 말랭이도 한 줌이나 될까 하게 항아리 속에 넣어둔다. 감말랭이도 마른 정도를 가늠한다. 모과나무에 달린 모과도 세어보고, 하늘도 올려다본다.

벚나무 작은 가지 끝 움이 불그스름하다. 숲새들이 겨울을 나기 위한 먹이를 찾느라 덤불 속이 소란하다. 새들이 놀라지 않게 발소리를 낮춘다. 화단의 붉은 열매 주위를 맴도는 숲새는 숲으로 쫓아 넣는다. 겨울 동안 꽃을 대신할 열매가 좀 오래가기를 바라는 마음에 괜히 그래 본다. 청설모도 숲새도 벚나무도 나도 겨울을 위한 준비로 바쁘다.

해마다 호두도 두어 말 구해 놓는다. 대청호변 막지리라는 마을에서 어떤 분이 호두농사를 짓는다. 직선거리로는 가까운데 대청호가 있어 돌고 돌아가야 닿는 산골이다. 산이 중중첩첩한 사이로 좁은 도로를 따라 한참을 가서 마지막 마을에 닿으면 여기저기 호두나무가 보인다. 링컨이 있는 마을, 막지리다.

마을 이름에 걸맞은 지리적 조건보다 더 강한 인상을 남긴 것이 있어 그곳에 다녀온 후부터 링컨 마을로 부르게 되었다. 처음 그 집에 갔을 때 바가지에 호두를 내온 주인 내외가 사는 이야기를 하다

가 창고에 같이 가보자고 했다. 남의 집 곳간 구경할 기회가 그리 흔한가. 들뜨는 마음을 누르고 따라나섰다. 여러 가지 농작물이 많겠지만, 그중에 호두는 몇 가마니나 있는지 얼른 보고 싶었다. 그런데 창고 문이 열리자 호두보다 먼저 시커먼 물체가 눈앞을 가로막았다.

흔히 무엇이 있을 자리에 있지 않으면 그것을 인지하는 데 시간이 좀 걸린다. 농사짓는 분들은 어디에든 활용할 것을 대비해 고물을 모아놓는 습성이 있다. 그 집 안팎에도 허름한 물건이 가득했다.

그렇다고 눈앞의 덩치 큰 것이 고물 같아 보이지는 않았다. 집보다 커 보이는 먼지 쌓인 물체의 꽁무니에 링컨이라는 글자를 보고서야 자동차라는 걸 알아챘다.

그분의 말에 의하면 어린 나이에 아버지를 여의고 꼼짝없이 농사를 짓게 되었고, 평생 일에 치여 살아나왔다는 것이었다. 다행히 자식들이 잘 커 어느 정도 보상을 받은 셈이나, 마지막 위안은 창고의 링컨으로 얻는다고 했다. 농사일을 덜 하는 겨울에 자동차를 몰고 도시로 나가서 가오 한번 잡아보는 재미로 힘든 계절을 견딘다는 이야기를 들으니 커다란 금속 덩어리 링컨이 온기를 지닌 듯 따뜻하게 와 닿았다.

창고에 링컨을 넣어두는 것이나, 따뜻한 사연을 마음속에 넣어두는 것이나, 수첩에 적어두는 것이나 결국은 다음을 위한 준비다. 저장해둔 것을 다 기억한다면 좋겠지만 그렇지 못해 더러 추운 날이 있다. 막지리 링컨처럼 우리를 따뜻하게 감싸줄 것들은 항아리 속에도 있고, 가슴 속에도 있다는 걸 이억해야 한다.

참새와 고양이

벌써 며칠째다. 주방장인 그가 부엌 아닌 현관을 서성이고 있다. 요리하는 시간 외는 내내 현관에 서성거린다. 의자까지 가져다 놓았다. 앞치마에 손을 쓱쓱 닦으며 우편함을 슬쩍 들여다본다.

우편함이 놓인 장소도 특이하다. 큰 고무통에 물을 채우고 가운데 흙과 돌을 담은 들통을 놓아 섬처럼 만들었다. 섬 가운데 막대를 꽂고 그 위에 우편함을 올려놓았다. 우편함 앞에는 '편지는 옆에 있는 박스에 넣어주세요.'라는 쪽지가 붙었다. 우스꽝스러운 광경을 보고 섰는데 주방장이 옆에 놓인 돌멩이를 슬그머니 집어 든다.

주방장은 돌멩이를 들고 고양이를 기다리는 중이다. 눈치 빠른 고양이는 울타리 밖으로 도망간 뒤 나타나지 않는다. 그는 새끼참새를 먹어버린 놈이 고양이라는 사실을 안 순간 불같이 화가 났다. 고양이를 절대 용서할 수 없다는 의지로 그의 눈은 고양이가 나타날 만한 방향으로 향하고 있다.

며칠 전 다녀간 어린아이 손님을 오해한 것도 고양이 때문이었다. 참새 가족처럼 단란해 보이는 가족이 다녀간 뒤 우편함이 넘어져 있고 여섯 마리였던 새끼참새가 세 마리뿐이었다. 그는 아이의 호기심에 참새네 가족이 변을 당했다고 생각했다. 우편함을 세우고 흩어진 검불을 쓸어 담다가 오싹한 느낌을 받음과 동시에 울타리 밑 어떤 놈과 눈이 마주쳤다. 고양이였다. 털썩 주저앉고 말았다. 참새의 털이 날렸던 이유를 알았다. 손님으로 왔던 아이에게도 참새에게도 정말 미안했다.

현관은 그의 휴게실이었다. 손님이 뜸한 시간에 나와 허리도 펴고 팔을 휘저어 어깨도 풀곤 했다. 쉬고 들어갈 때 우편함 편지를 꺼내 들이곤 했는데 하루는 우편함에 편지가 아닌 검불이 들어 있었다. 검불을 꺼내 집어던진 지 며칠 만에 또 검불이 있어 손을 쑥 집어넣다가 깜짝 놀랐다. 파르스름한 새알이 있었다. 처음 검불 치워버린 걸 후회했다.

그는 휴게실로 더 자주 나왔다. 편지통을 따로 마련해 두고 집배원에게 당분간 조심해 달라고 당부했다. 드나드는 발소리도 죽였다. 참새네 생활은 신성하여 들여다볼 때마다 저절로 평온함에 들곤 했다. 여섯 마리의 새끼가 알을 깨고 나왔을 때는 도시를 벗어나

시골의 작은 레스토랑으로 옮겨 앉은 이유를 찾은 듯 행복했다.

평화를 깨트린 놈은 고양이였다. 오래 다닌 직장에서 빈손으로 밀려난 그는 강자에게 당하는 약자의 아픔을 누구보다 잘 알았다. 남은 새끼참새를 고양이로부터 지켜야 했다. 이중 삼중의 장치를 해 놓고 경비를 섰다. 레스토랑에 오는 손님들에게도 고양이가 얼마나 나쁜 짓을 했는지 고해바치느라 바빴다.

이마빼기를 갈겨준다느니, 뺨을 한 대 올려 부쳐준다느니 하는 말투 속에 그의 인간성이 느껴졌다. 강자가 약자를 괴롭히면 죗값을 단단히 치러야 한다는 뜻으로 들렸다. 묘한 여운을 주는 그의 말투에 끌려 한참을 우편함 앞에 서 있었다. 약자를 위해 돌멩이를 든 그에게 은근히 응원의 마음이 간다. 주방장의 휴게실에 다시 평화가 찾아들기를 바란다.

고양이는 어디로 갔을까. 저보다 더 강자가 있다는 사실을 미처 몰랐나 보다. 한발 돌아서면 처지가 바뀐다는 걸 알았다면 그런 짓을 저지르지 않았을 것이다. 부디 주방장의 돌멩이에 혼쭐나지 않기를 빈다.

스타벅스보다 집
– 딸에게 주는 인생 레시피

바깥으로 슬슬 나가보고 싶은 휴일. 옷 갈아입고 차 시동 걸고 그러느니 주방으로 가는 게 낫다. 목적 없이 외출하면 카페를 기웃거리게 된다. 물론 카페에서 잠시 쉴 수도 있고 시대적으로 카페 분위기를 적당히 즐길 필요도 있다. 하지만 카페에서는 줄을 서야 하고 진동 벨을 들고 앉아서 기다려야 한다. 커피를 받아 들고 돌아서는 순간 지나가는 누군가와 부딪쳐 커피를 쏟을지도 모른다. 꼭 그래서는 아니고 한번 외출하면 뒤에 따르는 일이 많다. 밖으로 나가지 않고도 그만한 효과를 내는 방법이 있다. 조금만 신경 쓰면 집이 그보다 더 좋은 카페가 될 수도 있다는 뜻이다.

집에는 여러 종류의 커피 컵이 있다. 적어도 서너 가지 패턴의 컵이 있어 기분에 따라 선택하면 된다. 흐린 날은 화사한 로열앨버트 장미, 화창한 날은 금장한 레녹스 이 밖에도 더 있다. 사치하고 싶은 날은 아우가르텐으로 한다. 커피 컵이 없는 집은 보지 못했다. 그걸 두고 카페로 가는 건 커피 컵에 대한 대접이 아니다.

카페에는 보통 머그잔과 테이크아웃을 위한 일회용 컵 두 가지를 사용한다. 테이크아웃용 컵 소비가 상당하다. 카페에서 발생하는 쓰레기 중에 테이크아웃용으로 나오는 플라스틱 컵을 보면 내가 운신할 세상이 점점 좁아지는 느낌이 든다. 누군가 던져 넣은 일회용 컵 여남은 개가 큰 쓰레기통을 거의 채우고 있는 걸 보았다. 나 하나라도 그런 소비를 생각해봐야 한다. 지구를 살린다느니 그런 거창한 개념이 아니라 그냥 기본이다.

설마 그곳에서 주는 커피가 집에 있는 에티오피아 예가체포나 블루보틀 자이언트스텝보다 나을까. 여행 때마다 적어도 한 가지 커피는 사 오는데, 그걸 다 소비하지를 못한다. 신발장에 방향제로나 놓으려고 사 온 건 아닌데 말이다. 내가 아는 어떤 사람은 유효기간 지난 여러 통의 차를 보여주면서 괜찮으면 하나 골라잡으라고 했다. 물론 개봉하지 않은 차는 좀 오래된 것이라도 괜찮기는 하다. 그래서 차 한 통을 얻어온 적도 있다. 그런데 문제는 우리 집이라고

그런 커피나 차가 없을까. 스타벅스만 안 가도 이런 문제가 어느 정도 해결된다.

오래전, 서울에 갔다. 스타벅스를 처음 알았을 때다. 일을 보느라 긴장해서 그런지 점심때가 되었는데도 배고픈 줄을 몰랐다. 점심을 건너뛸까 하던 중에 스타벅스가 눈에 들어왔다. 한 번 가봐야지 하고 있던 터라 발이 먼저 그 앞으로 향했다. 점심과 휴식 두 가지를 염두에 두었다. 더 정확하게 핑계를 대자면 그린 컬러에 이끌렸다는 게 낫겠다. 커피를 주문하고 유리장 속의 케이크를 손가락으로 가리킬 때는 얼떨떨해서 가격까지 따질 여유가 없었다. 아니 문을 열고 들어서는 순간 이미 엎질러진 물이라고 체념했던 것 같다. 그날 커피와 케이크 한 조각이 밥값을 웃돌았다.

지금은 그때의 케이크보다 더 맛있는 케이크를 알아내고 그걸 사다가 냉동실에 넣어둔다. 그 케이크는 구두를 신지 않고도 차를 타지 않고도 카페에 온 것 같은 기분을 내는 데 그만이다. 그렇게 앞일을 예상하고 대비하는 게 살림이다. 주중이 바쁘더라도 주말을 대비해야 한다. 된장 고추장 김치보다 그런 기호식품이 더 중요한 시대다.

냉동실 케이크를 꺼내놓고 물을 올리고 커피를 간다. 겨울 동안 테라스에 들여놓은 화분에서 로즈메리 한 잎을 따온다. 망고치즈 케이크를 세모꼴로 잘라 하얀 접시에 담고 위에 로즈메리를 올린다. 망고치즈 케이크는 적당히 달고 부드러워 어떤 이름난 카페의 케이크보다 한 수 위다. 집을 내 기호에 맞는 음악과 커피와 케이크가 있는 카페로 만드는 것이 살림이다.

장외에서는 조용히

뒷산에 다녀왔다. 여기 사람들은 거기 적당한 거리에 야트막한 높이로 산이 있다는 사실을 살기 좋은 조건의 하나로 여긴다. 날이 풀리면서 몇 번 올라다니는 동안 진달래 봉오리가 봉긋이 올라오기 시작하더니 하루가 다르게 진달래가 피어 온 산으로 번져갔다. 산속 풍경은 마치 스케치 후 채색을 시작하는 수채화 같았다. 검은 나무들 사이로 비쳐드는 아침햇살에 유난히 진달래색이 빛나던 날이었다. 그 생동감에 마음이 벅차고 들썽거려 참을 수가 없었다.

산속에 진달래가 피었더라는 소문을 퍼뜨리기 시작했다. 소문을 듣는 이들의 반응은 갖가지였다. 보고 싶으나 시간이 없다는 반응, 사진을 찍어오라고도 하고 또 내일 당장 따라나서겠다는 사람도 있었다. 그런데 진달래라면 잘 안다는 듯이 또 거기 가보지 않아도 이미 어떤 상태인지 안다고 대답하는 이가 있었다. 세상 돌아가는 것은 본인이 잘 알고 있다는 듯이.

얼마 전 딸아이가 외국에서 출산했다. 비행기 운항을 하지 않으니 산바라지해 주러 가지는 못하고 오직 전화로만 소식을 주고받았다. 안아보고 만져볼 수 없으니 영상으로 보는 수밖에 다른 방법이 없었다.

딸아이는 얼마 동안 긴장 속에 보내는 것 같았다. 아이의 시부모님이 신경 써주고 돌봐주기는 했다. 그래도 처음 맞는 일생일대의 큰일 앞에 허둥지둥하는 게 안타까웠다. 가지도 오지도 못하는 현실에 애가 탔다. 사진을 보면서 이런저런 육아법을 전달하기 시작했다. 대부분 몇십 년 전 내경험에 의한 것들이었다.

손에 싸개를 씌워라, 턱받이가 목에 가까워 답답해 보인다는 둥 하루에 기저귀는 몇 번 갈아주는지 목욕은 어떻게 시키는지 자꾸 물어보았고 받은 축하 꽃다발은 아이 가까이 두지 말라 등속이었다. 사진을 보면서 이런저런 혼잣말을 하다가 통화 때마다 모아둔 말을 전달했다. 육아는 내가 다 알고 있다는 듯이 이야기를 하다가 아이의 대답 속에서 육아법이 많이 바뀌었다는 사실을 감지할 수 있었다.

한번은 평소처럼 전화를 눌렀다. 받을 때까지 서너 번 연속 눌렀는데, 아이가 반 울음 섞인 목소리로 전화를 받았다. 육아하는 사람이 제때 전화를 어떻게 받느냐고 한 번 해서 받지 않으면 기다려주어야 한다는 것이었다. 아차, 싶었다. 기다렸어야 했다. 그때서야 현관 벨 소리마저도 육아에 방해된다는 이유로 누르지 마시라고 적어 붙여두었던 기억이 났다. 차차 내 말은 아이에게 도움이 아니라 혼선과 부담을 준다는 걸 느낄 수 있었다.

시대가 바뀌었다. 당연히 육아법도 달라졌을 것이다. 근래에는 프랑스 육아법이 메가트렌드라고 한다. 여기저기 너도나도 프랑스 육아에 관련된 이야기 몇 개는 하고 듣는다. '프랑스 아이처럼'이라는 책이 예비 엄마나 아이 키우는 엄마들 사이에서 필독서라니 딸아이도 그 책을 비롯해 육아서적 몇 권은 읽었을 것이고 또 인터넷상에서 얼마나 많은 육아에 관련된 것들을

찾아봤을까.

장내의 사정은 장내에 있는 사람이 잘 안다. 직접 보고 들어야 앎

뒤 흐름을 판단할 수 있기 때문이다. 산에 가보지도 않고 산 풍경을 속단하는 이와 내가 다를 바가 없었다. 그도 물론 지난 언젠가 그 산에 가보았기 때문에 얼마든지 추측해볼 수는 있다. 그렇다고 다 아는 것처럼 말할 수는 없다. 장내에서는 현실이고 장외에서는 추론일 뿐. 유감스럽게도 추론과 현장은 다르다. 장외에서는 조용히 하는 게 상책이다.

봄 물김치 담그기
– 딸에게 주는 인생 레시피

남은 배추와 무를 정리하는 날. 배춧속 두 통과 무 두 개를 나박나박 썬다. 나박나박 이라는 단어는 참 경쾌하다. 씻어 건져 소금 두 주먹을 고루 뿌려둔다. 시를 읽든 커피를 마시든 시를 읽으면서 커피를 마시든 일단은 잊어버리고 딴짓을 해도 좋다. 나라면 신문을 보면서 차를 마시겠다. 무엇을 하든 간에 한 시간쯤 지나면 다시 김치 생각이 나게 되어있다. 그때 얼른 가서 설렁설렁 뒤집어 준다. 그때부터는 웬만하면 김치에 집중한다. 고명으로 파란 파, 붉은 고추를 채 썰어 넣으면 색이 조화롭다. 색은 식욕을 돋우는데 한몫한다. 사과와 양파, 생강과 마늘, 새우젓 등을 준비한다. 사과와 양파가 단맛을 내기 때문에 설탕 같은 건 생각할 필요가 없다. 젓갈은 취향이다.   모든 재료를 두 번으로 나누어 믹서에 넣고 간다. 아무리 성능 좋은 믹서라도 한꺼번에 많은 양을 넣으면 모터가 열을 받는다. 믹서에 무엇을 갈 때는 물이 들어가야 잘 갈린다. 믹서라든지 칼, 도마 같은 살림은 오래 사용해야 하므로 갖출 때 좀 신중해야 한다. 야무진 살림살이를 갖추어 오래 사용하는 게 잘하는 살림이다.

집에 물건 하나를 들이면 쓰레기 하나가 발생한다. 누구나 한정된 공간에 살기 때문에 결론은 그렇다. 생활용품을 볼 때 환경을 위한 생각이 들어갔는지를 살필 필요가 있다. 우체국 택배 포장 테이프가 종이로 만든 게 있는가 하면, 내가 가는 가까운 우체국에는 비닐 테이프만 있다. 우체국 직원은 그 비닐 테이프로 친친 감아 포장을 단단히 해준다. 종이테이프가 아닌 게 아쉽지만 어쩔 수 없다.

친절만 고맙게 받는다.

포장이 단순해야 일이 적다. 과대 포장은 사람을 참 피곤하게 한다. 과자봉지를 뜯었을 때 과자 양보다 공기가 더 많아서 피식 웃음이 나왔던 적도 있다. 그 안에 아무리 좋은 물건이 들어있어도 포장이 과하면 다시 생각해봐야 한다. 눈앞만 보고 물건을 만들어 파는 것과 그런 물건을 소비하는 시대는 지났다. 이 세상에 어떤 것도 포장으로 가치를 높일 수는 없다. 봄 물김치로 잠시나마 그런 과대 포장된 것들의 소비를 줄여볼 수 있다.

김치 담아둘 통까지 준비하면 반 시간 정도가 지난다. 이제 절인 재료를 헹구어 큰 그릇에 담는다. 김치통이 큰 그릇을 대신할 수도 있다. 물김치니까 딱히 물을 다 빼지 않아도 괜찮다. 준비한 모든 걸 섞는다. 간을 살짝 보고 한쪽으로 밀쳐둔다. 뒷정리를 끝내고 두어 시간 후 다시 국자로 아래위로 뒤집어주면서 간을 본다. 두 번째 간을 볼 때, 물이나 소금이나 젓갈을 추가한다. 뚜껑을 닫고 하루 정도 실온에서 익힌다. 다음날 다시 살펴보고 김치 익는 냄새가 사르르 난다 싶으면 냉장고에 넣어두고 먹는다.

그 김치를 먹는 동안 누군가가 같이 먹을 사람이 떠오르면 성공이다. 설 쇠고 남은 떡국하고 먹어도 구색이 맞고, 국수하고도 잘 어울리는 게 봄 물김치다. 고구마나 감자, 단 케이크하고도 먹을 수도 있다. 겨울이 지루할 즈음 의외로 위로가 되는 한 가지 음식이다.

아! 배추랑 무가 어디서 나왔는지 알려주겠다. 살림하는 사람이라면 겨울이 오기 전에 갈무리한다. 가을에는 누구든 겨울 채비를 해야 한다. 감말랭이도 만들고 무말랭이도 만든다. 양은 적게 하는 게 낫다. 한겨울에도 웬만한 채소는 나오기 때문에 필요하면 그걸 구해 먹어도 괜찮다. 시래기는 말려두어도 잘 먹지 않게 되어 근래에는 그냥 데쳐서 두 주먹 정도만 냉동해 둔다. 작은 배추 열 포기와 무 열 개 정도를 박스에 담아 아파트 테라스에 두면 겨우내 쌈배추로, 뭇국 거리로 그만이다. 그걸 설 쇠고 정리하는 것이다. 물김치를 먹으면 봄이 더 기다려진다. 기다리고만 있지 말고 봄마중을 나가보아도 괜찮다. 맨땅이 있는 곳으로 슬슬 나가면 쑥이나 냉이를 만날 수 있다. 그렇게 겨울은 끝이 난다.

반달곰 지리산에 들다

마누라도 자식도 그의 산에 대한 그리움을 막지 못한다. MTB도 대금도 그에게 산에 대한 매력을 잊게 하지 못한다. 그가 만든 아이스크림처럼 부드럽고 풍부한 맛이 나는 맥주도 임걸령샘으로 향하는 그의 갈증을 풀어주지 못한다.

그는 섬진강으로 놀러 가는 아이를 데려다 주는 핑계로 지리산으로 갔다. 그는 오늘 밤 마치 엄마의 품에 안긴 듯 푸근할 것이다. 발바닥이 부르트고 목덜미가 화끈거려도 그럴 것이다. 비박을 할지라도 마음만은 그럴 것이다. 어쩌면 다시는 산의 안부가 궁금하지 않을 만큼 고생을 하고 있을지도 모르겠다. 누가 시킨 일이었다면 아마 황금 송아지를 주어도 절대로 하지 않을 사람이다.

산의 매력을 조금씩 알아갈 즈음 그는 목표를 세웠다고 한다. 나이 육십이 될 때까지 지리산 육십 번 설악산 육십 번 오르는 것이었다. 그러면 산하고 결혼을 했어야지. 내가 속은 것 딱 하나가 그것이다. 육십 번을 채웠는지 채울지는 모르지만 그는 산 박사다. 적어도 내가 보기에는 그렇다. 어느 때, 어느 산을 가도 그의 손바닥 안이다. 웬만해서는 코스가 중복되지 않는다. 목 축일 샘터, 도시락 까먹을 자리, 그늘이 좋은 나무, 조망하기 좋은 바위 모르는 곳이 없다. 장비 사느라 들인 돈이 얼만데. 안 그러면 산에서 보낸 청춘이 아깝지.

그중에서도 지리산은 더욱 훤하다. 그의 별명은 반달곰이다. 이 골짝 저 골짝 얼마나 누비고 다녔든지 지리산 반달곰이 되었다. 지리산 반달가슴곰과 다른 것이 하나 있다면 눈 쌓인 겨울동안 겨울잠에 빠져 있는 곰과는 반대로 그는 더욱 산을 누빈다. 진짜 반달곰이 자는 동안 대신 지리산을 지켜야 할 임무를 띤 듯이.

작년에는 종주하지 못 했으니 두 해만이다. 아마 그는 물 만난 고기처럼 아니 잘 적응한 북한산 곰처럼 아니 토끼처럼 빠르게 지리산을 누비고 있을 것이다. 마누라 때문에 거북이처럼 걸어야 했던 두 해 전을 후회하고 있지는 않은지. 도착시간이 늦어져서 산장 관리인의 잔소리를 듣지도 않을 것이다. 군데군데 조망하기 좋은 데를 골라 천왕봉과 노고단, 반야봉을 바라보며 씨- 익 웃을 것이다. 그러고도 시간이 충분할 것이다. 그는 시간 관리에 또한 도사다.

예상 출발시간과 도착시간이 어긋난 적이 별로 없다. 플러스마이너스 오 분 이내다. 그것이 어긋나는 일은 그가 한평생 먹어야 할 아침밥을 굶은 횟수보다 한번 정도 많을 것이다. 그것도 외부적인 장애가 발생해야 겨우 가능한 일이다. 임걸령샘에서 육포를 먹었을 것이며, 연하천에서는 오이를 먹었을 것이다. 또 초보 산꾼이나 힘들어하는 사람이 있었다면 일장 연설도 했을 것이고, 어린이를 만났다면 기특하다고 눈을 맞추고 용기를 북돋우는 말을 건넸을 것이다. 풀 한 포기 나무 한 그루에게도 다 사랑스런 눈길을 보냈을 것이며 마누라랑 같이 못 보는 것에 대하여 안타까워했을 것이다. 그래서 사진도 찍었을 것이다. 처음 본 꽃이 있었다면 한참을 들여다봤을 것이다. 그러고도 벽소령에서 정확하게 라면을 끓였을 게 뻔하다.

그대여. 벽소령 산장을 지나거든 엽서를 써라. 투구 꽃이 아름답다고, 둥근 이질 혼자 보기 미안하다고, 사랑하는 당신 다음에는 꼭 같이 오자고, 떠가는 구름에 그대의 마음을 실어 보내라. 라면 먹은 흔적을 너무 깨끗이 치우다 보면 빨간 우체통을 놓칠지도 모르니

뒤를 다시 돌아보길.

그는 사람들이 예의와 배려가 없다고 질서와 정리가 안 된다고 산장을 빠져나와 맨 땅위에 몸을 누이고 하늘의 별을 세었을 것이다. 외로움과 쓸쓸함, 그리고 무서움을 조금 느끼기는 했겠지만 그래도 속 편하다고 자위했을 것이다. 항상 좋은 상태만을 바란다면 욕심이지. 인생의 참맛을 알려면 그 속에서 부대꼈어야지.

별을 셀 때만 해도 다리에 힘이 남아 있었겠지만 세석을 향하다 보면 아마 슬슬 집이 그리워지겠지. 이미 때는 늦었다는 걸 당신이 더욱 잘 알 것이고, 진퇴양난 임전무퇴 앞으로 나아가야만 살아남는다는 절박한 심정으로 발걸음을 옮겨 가겠지. 섬진강에서 레프팅을 하고 화엄사 계곡에 앉아 있을 아이를 부러워해도 소용없는 일. 고상하게 차를 마시며 시라도 읽고 있을 마누라 생각에 배가 좀 아플지도 모르겠다. 에어컨 고장으로 죽을 맛인 줄은 모르고. 야속하게도 날씨도 당신을 몰라볼지도 몰라. 매번 시원한 바람이 불어주고 비는 피해가고 적당한 구름이 당신 머리 위의 햇볕을 가려 준다면 내가 배가 아프지. 교만한 당신은 필요 없거든. 나무 그늘이 없는 지리산 유일한 공간에서 당신 안을 들여다 볼 좋은 시간이지 않겠어.

그래도 여우 한 마리, 토끼 두 마리와의 싸움은 누워서 떡 먹기였

다는 사실을 깨닫는 구간. 산만이 구세주라든지, 산으로 가야만 숨통이 트일 것이라 생각했다든지, 시원한 나무 밑에 누워 발가락 까닥하고 있으면 세상 부러울 게 없을 것이라 생각했다면 당신도 망각의 동물에 불과한 거지. 표현할 수 없는 엄청난 진통을 경험한 여자가 둘째아이를 임신한 경우라고나 할까. 다시는 내가 산에 오나 봐라. 또 오면 인간이 아니다. 그건 너무 자주 써 먹는 레퍼토리. 제발 그만. 부디 자신과의 싸움에서 살아남기를 바랄게.

세석평전의 철쭉군락이 훼손됐더라도 혈압은 올리지 마세요. 당신은 자신만 잘 지키면 되지, 그것까지 신경 쓰다 보면 체력 소모가 너무 심할 테니까. 어차피 지리산이 당신 것도 아니잖아.

준비 운동으로 갑천이라도 며칠 걷고 올 걸 하고 후회가 물밀듯이 밀려오는 순간 당신은 장터목에 닿아 있을 거야. 아옹다옹 힘들게 살았던 세속에서의 일들이 주마등처럼 머릿속을 스치며 다 부질없는 욕심에 불과하다는 생각을 하겠지. 하늘과 맞닿은 곳에 올랐다고 갑자기 어린왕자라도 된 듯이 왕도, 허영쟁이도, 술주정뱅이도, 사업가도 어리석다 생각할 필요는 없어. 당신도 그 곳에서 왔으며 다시 그곳으로 돌아갈 것이니까. 덜 어리석은 점등인만이 당신 친구가 될 수 있는 것은 아니지. 인간은 사회적 동물이니까.

그렇다고 산장에서 당신에게 술을 나누어 주는 사람만 진정한 산쟁이라든지 선한 사람이라 여기는 것도 마찬가지. 당신이 흘리는 침을 눈치 빠른 그 사람이 보고 불쌍해서 한 잔 권했을 뿐이야. 침을 흘리고 눈독을 들이고 한잔만 주시면 고맙겠다고 정중한 청을 했어도 보기 좋게 거절당한 적도 있지 않던가. 이제는 당신이 말하는 진정한 산쟁이만 산을 오른다는 생각은 시대착오.

천왕봉 표석을 부여안고 세상을 정복한 사람처럼 감격해 하겠지. 걸어온 길을 가만히 되짚어 보면 결코 쉬운 일이 아니었을 테니까, 그 기쁨은 크겠지. 평탄한 길을 걸을 때는 누워서 떡먹기라는 생각이 들 것이고, 암벽을 오를 때면 죽을 맛이라 얼른 끝나기를 기다리겠지. 어려움의 때는 결코 영원히 지속되지 않는 것이고 순풍의 인생만 있을 수도 없는 법이니까.

결혼만 안 했다면 저 산장 관리인이 되어 있을지도 모른다는 생각을 하면서 로터리 산장 앞을 터벅터벅 걷는다면 지금의 관리인과 내게 너무나 미안한 일이지. 당신 자신에게도 그렇지, 덕을 쌓아야 당신의 후손들이 길이길이 천왕봉 장엄한 일출을 볼 수 있을 텐데. 천왕봉에서 뛰는 가슴을 억누르고 반성의 시간을 가졌을 텐데 그렇게 빨리 망각을 하다니. 거실 바닥에서 리모컨이 당신을 기다리고 있다는 사실을 떠올려 본다면 현재의 생활이 얼마나 행복한지를 가늠할 수 있지 않겠어.

그는 해가 떨어지기 전 집에 도착하기 위해 내일 점심때면 중산리 구멍가게에 앉아 있을 것이다. 얼음물이 줄줄 흐르는 맥주 캔을 손에 든 채.

용기를 외치다
– 딸에게 주는 인생 레시피

용기 내서 용기를 부탁했다. 용기가 없다는 걸 용기 낼 필요도 없이 안내하는 직원은 그 당연한 걸 왜 모르느냐는 투였다. 용기를 딱 한 번만 달라고 다시 말해보았다. 이미 나에게서 시선을 거둔 그녀의 싸늘한 표정이 당황스러웠다. 들어갈 때 보지 못한 안내문이 나올 때야 보였다. '용기를 가지고 오세요.' 용기 때문에 곤란을 겪다니.

갈비탕 포장이라는 글자가 눈에 들어왔다. 오랜만에 집에 다니러 온 너에게 갑자기 그것을 먹이고 싶었다. 망설일 새도 없이 문을 밀고 들어섰다. 직원은 갈비탕이 두 그릇 남았다는 걸 알리면서 담아 갈 용기를 달라고 했다. 용기요? 아! 내게는 용기가 없었다. 그날 나는 텀블러를 내밀고 오백 원을 돌려받는 그런 기쁨 대신 민망함만 안고 용기를 가지고 들어서는 다른 사람을 부러워하면서 뒷걸음질 쳐 나왔다. 즉흥적인 행동이 낳은 결과였다.

결국 나도 그런 사람이었나 하는 자괴감이 밀려왔다. 용기에 생고등어를 담아온 적은 있어도 용기에 갈비탕을 담아온다는 건 미처 생각 못 했다. 너에게 갈비탕을 먹이고 싶은 마음이 포장용 플라스틱 용기를 벌레 보듯 했던 마음을 앞질러버렸다. 생색을 내자고 하는 말이 아니라 정말로 한번은 괜찮겠지 하는 생각으로 용기를 달라고 사정했다. 평소의 소신대로만 사는 게 쉽지 않다는 걸 실감한 순간이었다.

평소에 음식 담는 일회용 플라스틱 용기와 검정 비닐봉지를 거의 사용하지도 않고 집으로 가져오지도 않는다. 컵라면을 먹지 않는 이유도 붉은 국물 묻은 컵이 보기 싫어서다. 먹거리에 관한 공부를 많이 하는 이웃 내과의사 부인이 말한 '환경호르몬의 역습'이라는 다큐멘터리는 보지 않았다. 원래부터 그냥 그런 게 싫어서 취하지 않아 왔을 뿐이다. 환경오염이 어떠니 태평양에 쓰레기섬이 어떠니 북극곰이 어떠니 그런 말을 듣기 전부터 나는 모든 일회성을 싫어했다.

내가 온라인쇼핑을 극도로 싫어하는 건 포장재 때문이다. 인터넷쇼핑 그건 금방 손쉽게 할 수 있다는 걸 알고는 있지만 난 그 방법에 익숙해지려고 노력한 적이 없다. 아직은 결코 온라인쇼핑의 편리함을 누리고 싶지 않다. 그리 쉽게 허공으로 날려 보낼 돈이 내게 없는 대신 물건을 그냥 가방에 담아올 수 있는 작은 가게를 찾아다닐 시간은 얼마든지 낼 수 있다. 온라인쇼핑 비용이 허공으로 날아 가버린다는 생각을 갖는 건 오직 나한테만 해당한다는 걸 알고는 있다. 자판 두드릴 손가락은 꽃 가꾸는 데나 쓸까 해서 해보는 소리다.

그러니 다음에도 혹여 내가 온라인쇼핑에 관해서 묻거든 그건 너무 어렵고 귀찮은 일이라고 대답해 주기 바란다. 더 나이 들어서 진짜 할 일이 없어지면 그때, 눈도 침침하고 귀도 어둡고 다리에 힘 빠지면 그때, 온라인 숍 업자들이 과대포장에 대한 인식이 바뀌면 그때, 그건 아주 쉬워서 손가락만 까딱하면 된다고 알려주면 아마 금방 알아들을 수 있을 것이다.

눈으로 보고 입으로 말하고 손으로 만지고 어느 정도 마음을 먹은 후에도 머뭇거리다가 가게 주인의 따뜻한 눈빛이나 말이나 어느 하나라도 내게로 와 꽂힐 때 그때 지갑을 열고 싶다. 달랑 물건만 구매하기보다는 그런 잿밥에 아직은 미련이 있다. 물론 직장과

육아에 시간상으로 쫓기는 너의 친구 수련이 앞에서는 설득력이 없는 얘기일 것이다. 또 사람이 피곤해서 사람으로부터 받는 스트레스를 피하려고 온라인쇼핑을 선호하는 경우도 있다는 걸 안다. 누구든 자기만의 방법이 있으니까.

에코백과 텀블러 휴대를 말하는 시대는 지났다. 세제를 사용하지 않거나 적게 사용하는 것 또한 마찬가지다. 고등어 사러 갈 때뿐만 아니라 갑자기 갈비탕이 먹고 싶을 때도 용기가 필요하다는 걸 명심해야 한다. 너도 용기, 용기가 없는 날은 얼른 집으로 가서 냉장고 문을 여는 게 좋을 것이다. 그편이 포장재 정리해서 버리는 일보다는 부담이 덜 할 테니까.

실컷 키워놨더니

초밥집에서다. 테이블마다 두 사람이거나 세 사람이 앉아 식사가 나오기를 기다리는 중이었다. 이십 분 정도 기다려야 한다는 걸 그들도 나처럼 예약 때에 안내받고 왔을 것이다. 손님이 보는 앞에서 초밥을 만들어 준다는 그 신선함 때문에 기다리는 걸 감수하는 중이었다. 말을 참아야 하는 분위기에서 이십 분은 꽤 길었다.

우리가 들어오고 연이어 남자 둘이 들어와서 옆자리에 앉았다. 그중 한 사람이 자리에 앉자마자 마스크를 벗어 던지고는 마주 앉은 사람을 향해 무언가 말하기 시작했다. 계속되었다. 밥 먹으러 온

게 아니라 말하러 온 사람 같았다. 그는 앞을 볼 수 없거나 한글을 읽을 수 없지 않을까 하는 의심이 들 정도였다. 딱히 할 일이 없으니 식사 시간 외에는 마스크를 쓰고 대화하라는 안내문과 그 사람을 번갈아 쳐다보았다.

그런 나를 향해 앞에 앉은 아이가 무슨 말을 했다. 마스크를 쓴 채 작은 소리로 말하니 알아들을 수가 없었다. 다시 말해 보라고 했더니 핸드폰을 꺼내서 뭔가를 적었다. 내 핸드폰 진동벨이 울렸다. 엄마 그런 식이면 집에 가야 한다는 경고장이었다. '그런 게 신경 쓰이면 식당에를 오지 말아야 한다.' 라는 말이 돌아올 것이니 그쪽을 쳐다보지 말라고 했다. 실컷 키워놨더니.

난 작은 바람을 가지고 있다. 그건 내가 조금만 신경 쓰면 금방 이룰 수 있을 거라고 만만하게 본 것이다. 그런데 지금까지도 됐다가 안 됐다가 한다. 그건 밥을 먹거나 차를 마시거나 술을 마실 때 남편하고 대화하는 내용에 대해서인데, 문화예술, 문학, 구체적으로는 시나 음악, 영화에 대한 이야기라도 나누고자 하는 것이다. 그런데 건

강을 위해 운동이 필요하다고 느끼면서도 숨쉬기 운동만 하고 있는 것처럼 그것 또한 보기보다 실천이 어려웠다.

그날도 둘이 밥상머리에 앉아 남편친구 흉을 보고 있었다. 아이가 지나가면서 저도 엄마 · 아빠처럼 어른이 되면 남 흉보는 사람이 되면 되는 거냐고 물었다. 그게 처음이었으면 그런 말을 들었을 리가 없다. 밥상에 같이 앉으려고 왔다가 또 뻔한 레퍼토리가 펼쳐지고 있으니 한마디 했을 것이다. 이게 아닌데 싶었다.

말이 나왔으니 말인데, 그 친구는 참 이상하다. 그가 사는 바닷가에서는 회가 질적으로 별로라서 횟집에 가는 게 싫다 하고, 바다에서 먼 대전에 오면 그래도 회가 제일 낫다면서 남편으로부터 회 대접을 받고 싶어 한다. 또 고기는 좋아하는데 돼지고기는 못 먹는다고 당당하게 말하기도 했던 그를 밥상에 안올리고 배기겠는가.

그날따라 수목원 산책이 좀 길어져서 새 반찬을 만들지 못하기도 했다. 밥상에 올리기에 더할 나위 없는 따끈한 수목원이 있는데도 우리는 먼데 살아서 몇 년에 한 번 볼까 말까 한 그 친구를 밥상에 올리게 되었다. 밥상에 문화예술적인 반찬을 올린다는 게 크리스마스이브, 시월의 마지막 날 같은 특별한 때 특식으로나 가능한 일인가 싶어 후회되었다.

하지만 매일 새롭게 마음먹는다. 오늘도 읽던 잡지에서 저녁 밥상을 위해 끌리는 한 줄을 머릿속에 담아 두었다. 영화도 찾아놓았다. 같이 앉아서 영화 보기가 특별한 식사를 하는 것처럼 드문 일이기는 해도 영화를 보아야 비평을 하든지 호평을 하든지 밥상에 올리게 될 테니까. 난 영화 볼 때 졸았던 경력이 좀 있다. 영화 본다는 말만 나오면 그걸 우려먹는 아이들은 내가 영화 보는 동안 졸지 않을 수 있을까 의심하겠지만 말이다. 하지만 내가 선택한 영화를 볼 때는 절대 졸지 않는다.

아이를 정신적으로 탄생시키는 연금술사이고 우주여야 할 때는 빠릿빠릿했다. 전화 통화도 서둘러 끊고 친구를 만나도 일찍 들어오고 밥상에 새로운 반찬을 올리기 위해 정보도 모으고 지혜도 짜냈다. 괜찮은 거울이 되기 위해 자주 닦았다. 아이들이 이미 내 손을 떠났다고 생각하는 지금도 노력은 좀 하는데 정신을 차리고 보면 빤한 반찬만 먹고 있으니 문제다. 이미 여러 번 먹었고 아이들도 다 알고 있는 그 기본 몇. 색다른, 내가 원했던 그 문화예술적인 반찬은 얼굴에 패이기 시작한 주름사이로 자주 묻혀버리는지 잘 꺼내지지 않는다. 그러니 아이들이 우리랑 식탁에 앉을 때 나 대신 원슈타인의 '당신이에요' 보다 더 나를 사로잡을 반찬을 올려주었으면 하는 것이다.

날개

'세상에는 나 말고 괴팍한 견해를 가진 사람이 또 있을 수도 있었어.' 식사가 끝나고 식은 커피를 수챗구멍에 버리면서 먹을 것 걱정 안 해도 되는 삶을 느껴본다는 소설 속 주인공으로 오래전 내가 가졌던 생각에 대한 타당성을 부여해본다. 한때 부자로 산다는 걸 어디에서 느껴볼 수 있을까 하다가 옷이 날개라는 견해를 가지게 된 때가 있었다. 날개 덕분에 그때를 잘 살아냈다. 동생 덕분이기도 했다.

보통은 언니 옷을 동생이 물려 입는데 동생과 나 사이에는 그럴 일이 거의 없었다. 난 이미 언니 옷이나 도시 친척 집에서 할머니가 받아온 옷을 주로 입었기 때문에 동생에게까지 갈 것도 없이 수명을 다하는 경우가 많았다. 대신 내 옷은 가끔 마루에 물려주었다. 엄마는 마루 구석에 항상 분홍 플라스틱 걸레통을 두었다. 뭉쳐진 채 그 통에서 꾸덕꾸덕 말라가는 내 포플린 블라우스를 본 적 있다. 내 옷은 결국 해진 소매 끝부터 시작해서 소죽 솥 아궁이로 사라져갔다.

입어보지도 못하고 사라진 청바지에 대한 기억도 있다. 청바지는 허벅지가 굵은 나 같은 사람에게는 절대 쉬운 옷이 아니라는 걸 깨닫기까지 시간이 필요했다. 일 년 동안 걸어만 두고 입을 날을 기다리던 청바지는 타고 난 굵은 허벅지를 어쩌지 못하고 포기하고 말았다. 몇 날 며칠을 굶어도 두꺼운 허벅지는 끄떡도 하지 않는 철벽이었다. 청바지를 입지 못해도 청춘을 구가하는 데 지장은 없었으니까 그때까지 옷에 대한 관심이 많지는 않았다.

그런데 부쩍 옷에 신경이 쓰이기 시작한 때가 있었다. 시어머니께서 본가에 올 때는 옷을 잘 챙겨 입고 오는 게 좋겠다고 하셨기 때문이었다. 이제 어른이 되었으니 그래야 한다는 가르침이기도 했다. 시골에서는 이웃의 눈을 의식하는 경향이 있었다. 그 이웃의 눈에 제일 먼저 보이는 건 겉이고 겉이라면 옷이다. 가진 옷을 다 꺼내 봐도 마땅치가 않았다. 그렇다고 새 옷을 살 여유도 안 되었다. 그때부터 동생 옷으로 눈을 돌렸다.

동생 옷을 자주 빌려 입었다. 동생은 소위 말하는 메이커라는 데 일찍 눈을 떴다. 광고에서 보았던 옷 몇 벌이 동생 옷장에 걸려있었다. 무슨 옷이냐고 물으면 동생은 친구 옷이라고 했다. 집이 부산인 동생 친구는 시골에서 온 우리에 비해 도회적인 분위기를 풍겼다. 그래서 그런 줄 알았다. 처음에는 동생에게 그 친구 옷을 좀 빌려 입어도 되겠냐고 부탁했다.

시댁으로 출발하는 날이었다. 동생이 자기가 입는 것으로 하고 빌린 옷이니까 조심해서 입으라고 했다. 건넛집에 동생 친구가 살았다. 그녀의 눈에 띄기라도 하면 보통 난감한 일이 아니었다. 이층 계단에서 내려가는 게 문제였다. 아이는 업고 보따리는 안고 허리를 잔뜩 구부리고 한계단 한계단 내려가느라 진땀을 흘렸다. 지하철을 타고 고속버스터미널로 가는 동안은 좋은 옷의 느낌을 은근히 즐겼다.

이상했다. 동생이 그 옷을 오랫동안 돌려주지 않고 자기 옷장에 걸어두고 있었다. 왜 안 돌려주느냐고 물어봐도 곧 돌려줄 것이라고만 했다. 그때 알아챘다. 그건 동생 옷이었다. 학생이 유명메이커 옷을 입는 건 분수에 맞지 않고 부모님을 힘들게 하는 것이라는 것쯤은 동생도 알고 있었기 때문에 차마 그 옷을 자기가 샀다고 말을 못 했던 것이다. 숨어서 계단 내려간 걸 생각하면 한대 쥐어박고 싶었지만 참았다. 이제는 마음 편히 빌려 입을 수 있게 되었으니까.

그 뒤로도 종종 동생 옷을 입었다. 또 동생이 옷이나 구두를 가지라고 주기도 했다. 장롱 가득 든 내 옷은 누구를 위해 걸려있는지 모르게 다 나와 안 어울리는데 동생 옷은 하나같이 옷 태가 살았다. 한번은 코트와 구두를 세트로 받았다. 지금 생각해보면 자꾸 빌려달라고 하니까 귀찮아서 그냥 줘버렸을지도 모르겠다. 코트는 임신으로 나온 배를 보호하기 좋았고 앞코가 반짝거리는 구두는 많이 걸어도 다리가 아프지 않은 마법의 구두였다.

둘째 임신으로 배가 불렀던 내내 그 옷을 입었다. 살랑살랑 바람이 불고 햇살이 좋은 날 어딘가로 가고 있었다. 폭신하고 감미로운 무엇이 내 주위를 감싸고도는 느낌을 받았다. 신비로운 기운에 걸음을 멈추고 발끝을 내려다보았다. 까만 가죽구두 코에 행복이라는 나비가 나풀나풀 춤을 추고 있었다. 그날 여러 상황으로 좋은 기운을 받았겠지만 지금도 바람결에 실려 온 무엇이 나를 어루만지던 느낌을 기억한다. 덕분에 만삭이 되고 아이를 낳을 때까지 쭉 좋은 컨디션을 유지했다.

그런 영향인지 한동안은 옷에 관심을 두었다. 관심을 두었다고는 해도 그때 동생 옷이 잠자리 날개였다면 내 옷은 인조 날개 정도였다. 어쨌든 내가 선택한 날개로 잘 살았다. 아이들이 크고 나이가 들면서 관심은 다른 것으로 옮겨갔다. 날개를 바꾸어 단 셈이었다. 한때 나를 날게 했던 그 옷은 언제 어디로 갔는지 기억조차 없다.

힘들 때 뭔가를 낭비하면서 부자로 산다는 걸 느껴보는 건 그 시점을 잘 살아내기 위해 취하는 한 가지 방법이다. 앞으로 몇 번이나 날개를 바꿔 달고 싶어 할지 또 어떤 것이 내게로 와서 날개가 될지 알 수는 없다. 살면서 그저 그런 날개가 필요하다.

남자가 손해라고

남자가 손해라는 건 말도 안 된다.

야구 시즌에는 거실 바닥이 파였나 확인해봐야 한다. 텔레비전 앞에 세 시간을 앉아있는 남자. 우리나라 프로야구는 물론 미국, 일본야구 감독까지 겸한다. 나하고는 아무런 상관도 없는 일에 온 열정을 퍼붓는 남편이 어떻게 손해 본다고 할 수 있는가.

야구 보는 시간의 반만 할애해 요리 프로를 봤다면 지금쯤 고추장 항아리가 어디에 있는지 정도는 알 것이다. 누구나 가끔은 늘 하는 일에서 벗어나고 싶다는 걸 알아야 한다.

어느 분의 강의를 들었다. 부부가 사랑으로 맺어졌다고 흔히 말

하지만 실제로 사랑으로 맺어진 경우는 극히 드물다는 것이다. 인간관계 중에서 이기심이 가장 많이 투영되어 맺어진 관계가 바로 부부라니. 사랑으로 사는 부부는 백에 하나 있을까 말까 하다고 말

할 때는 설마 했다. 강연의 핵심내용은 보통은 결혼할 당시와는 달리 살아오면서 기준이 달라진다는 것이다.

'사랑 그거 별거 아니다. 인물이 밥 먹여주지 않는다. 경제력이 가장 중요하다. 그다음은 이해하는 마음이 중요하다. 그러니 사랑해서 결혼한다는 것은 착각에 불과한 일이다. 알고 보면 한사람 잘 잡아서 평생 덕 보려는 마음으로 상대를 고른다. 서로의 욕심, 기대가 커서 실망도 크다. 얻는 것보다 잃는 게 많다고 느낀다.'

맞다. 그래서 오늘도 손해를 좀 봤다. 강의를 들은 후의 일이라 더 야속했다. 제사가 있어 모처럼 집안사람들이 모여 이런저런 이야기를 나누느라 새벽에서야 이불을 폈다. 막 잠이 들었는가 하는 찰나에 누군가 불렀다. 입속에 넣고 굴리던 사탕을 흙바닥에 떨어뜨린 듯 잠이 아쉬웠다. 욱신거리는 어깨를 앞뒤로 휘저으며 눈치 없는 남편의 아침밥을 차려야 했다. 그는 본인으로 상대가 달콤한 사탕을 땅에 떨어트렸다는 것도 모른다.

모르는 게 한둘이 아니다. 살다 보면 한 번쯤은 자는 나를 깨우지 않고 살그머니 혼자 출근하는 날도 있겠지 하고 몇십 년째 기대하고 있는 내 속을 모른다. 남편의 배려로 매일 늦잠을 잔다는 앞집 새댁의 자랑을 듣고부터 그런 기대를 더 했다. 내 눈에는 본받고 싶은 신세대 부부인데, 그는 아침밥도 못 얻어먹는 불쌍한 남자와 출근하는 남편 밥도 차려주지 않는 한심한 여자로만 보니 내가 바라는 일이 이루어질 날은 요원하다.

눈치 없는 그는 오늘도 아침밥 한 그릇을 거뜬히 비웠다. 그러고는 약간 낡은 와이셔츠에 어제도 입었던 콤비를 걸치고 신발장에서 구두를 꺼내 신고는 '다녀올게'라는 인사를 남기고 나갔다. 그의 뒷모습이 사라지고 신발장 문을 닫을 때 사탕의 유혹은 멀리 사라졌다.

남편의 신발은 등산화에 운동화까지 합쳐 열 칸 신발장 중에 달랑 한 칸에 놓여있다. 나머지 아홉 칸은 딸과 내 신발로 가득하다. 옷장도 마찬가지다. 남편의 옷은 다 걸어도 한 칸이면 된다.

야구 본다고 잔소리를 한 날 그가 말했다. 안방도, 부엌도, 거실도 당신 차지 내가 차지할 공간은 어디에 있느냐고. 내가 말했다. 당신은 리모컨을 차지하지 않았느냐고. 그는 리모컨으로 텔레비전 채널만 돌리는 게 아닌 듯하다.

그가 야구 중계를 보고 있다. 난 부엌에서 멸치 몇 마리와 수박 몇 조각을 접시에 담고 냉장고에서 맥주 한 병을 꺼낸다. 그는 신나서 더 큰소리로 주문을 외친다. 쳐라, 달려라, 놓쳐라, 결국에는 텔레비전 앞을 지나오는 내게 얼른 비키라고 소리친다.

알프스 산장

언니네 산장 앞 임도를 따라 올라가면 간월재가 나온다. 재에는 바다를 이루는 억새가 흠치르르 하다. 비가 내린 후라 억새가 연둣빛으로 보드랍다. 푸른 초원에 서면 난 어릴 때 부모님이 키우던 소가 생각난다. 이런 풀밭이라면 소도 배부르고 부모님도 좀 편했을 텐데, 하는 생각을 해보는 것이다.

소는 한때, 내 기억으로는 우리 가족에게 구원투수쯤이었다. 나에게 최초로 포플린 원피스를 입게 해주었고, 동생에게는 빨간 책가방을 메게 해주었다. 추석 무렵이면 엄마 아버지가 나란히 우시장에 갔다. 중소를 시장에 내놓고 염소만 한 송아지를 데리고 오는 날, 아버지 손에는 간혹 옷이나 신발이 들려있었다.

그렇게 소가 몇 번 바뀌고 언니가 부모님께 소를 사드린 후부터는 진짜 가족처럼 오래 같이 살았다. 소는 우리 가족의 서열로 따지면 분명 나보다는 앞이었다. 덩치로나 역할로나 그럴 만했다. 소는 쟁기로 그 많은 고구마를 한나절이면 다 파는데, 나는 한나절 내내 반 가마니의 고구마도 주워 담지 못했다. 소는 무논에도 척 들어가 논을 가는데 난 뱀이나 거머리가 무서워 논에 심부름 가는 것도 싫어했다.

부모님께 소를 사드렸던 언니는 지금은 산장을 운영한다. 재에서 멀리 신불산 발치로 언니네 산장이 내려다보인다. 가지산과 신불산이 만나는 곳에 터를 잡은 마을이 있다. 산 위에서 보면 집들은 계곡이라는 줄기에 달린 포도송이처럼 보인다. 햇빛이 포도송이를 환히 비추고 있다. 화가라면 그림으로 그려보아도 좋을 풍경이다.

올봄, 주말마다 산장에 왔다. 산장에는 봄에 손님이 많다. 그래서 봄맞이 단장을 한다. 증축도 하고 보수도 하고, 또 유행 따라 색을 다시 칠하기도 한다. 어항에 물을 받아 피라미도 넣고, 나무를 심거나 꽃씨도 뿌린다. 대학생들의 엠티가 시작되는 3월부터는 골짜기가 떠들썩하다. 그때는 손을 더 필요로 한다. 언니를 따라다니며 이런저런 일을 거들었다. 꽃밭의 풀도 메고 마당에 담배꽁초도 주웠다.

산장은 삼십 년이 훨씬 넘도록 한결같다. 벚나무와 느티나무 백일홍은 자라 풍성한 그늘을 드리우게 되었다. 그 그늘로 찾아오는 단골손님을 언니가 변함없는 모습으로 맞으니 한결같게 느껴진다. 산장을 아지트로 삼는 사람은 여럿이다. 어릴 때 이웃에 살던 언니의 선후배들과 친척들도 그렇고, 이웃도 오가며 들른다. 서울, 대전, 진주로 흩어져 사는 우리 형제도 언니네 산장으로 모인다.

언니는 우리 가족에게 오월의 단비 같은 존재다. 아버지가 아플 때도 언니 가까이 모셔두고 돌보았고, 지금 엄마에게 필요한 모든 것도 언니가 도맡아서 한다. 동생들은 조금씩 거들 뿐이다. 언니의 인생에서 한순간도 우리 가족을 떼어놓은 적이 없다. 아주 어릴 때부터였다. 다섯 살 언니 등에 늘 동생이 업혀있었다. 농사일이 바쁜 부모님을 대신해 밥하고 빨래까지 했다. 부모님께 소를 사드린 후에 또 논을 사드린 적도 있다.

언니는 결혼 후에도 마찬가지였다. 오롯이 언

니네 살림만 산 적이 없다. 언제나 동생들을 가까이 두고 이런저런 일을 봐주었다. 김치를 주고, 옷을 주고, 돈을 주었다. 맛있는 것, 좋은 것은 다른 사람 손으로 넘겼다. 어쩌다 괜찮은 물건이나 음식이 생겨도 그걸 가지거나 먹는 걸 본 적이 없다. 언니는 청빈 서원을 한 수도자인가 하는 생각도 해보게 한다.

이웃 사람이 언니더러 특이한 사람이라고 했던 적이 있다. 자기 자식보다 동생들, 남을 먼저 챙기는 걸 보고 한 말이다. 언니네 마당에는 친정에 갈 때만 타는 차가 따로 세워져 있다. 부모님을 태우고 나들이 가고, 시장도 가고, 병원에도 가기 위해 그 차를 반짝반짝 닦아둔다.

고무신을 신고 앞치마를 두른 언니가 오늘도 바쁘게 움직인다. 누구라도 산장으로 들어오면 진한 멸치국수에 열무김치를 얹어 한 그릇 먹을 수 있다. 간월재의 초원처럼 환한 표정으로 언니네 산장에 오는 사람들을 보는 건 참 즐거운 일이다.

콩나물시루에서
물 떨어지는 소리

누구나 뜻밖의 질문에 당황할 때가 있다. 묻는 말을 빨리 알아듣지 못해 생각 정리할 틈이 없을 수도 있고, 실제로 묻는 의도를 파악하지 못하기도 한다. 대권을 노리는 한 후보자가 토론회에서 사회자가 자신을 한 단어로 표현해 달라고 했는데 질문을 알아듣지 못해 머뭇거리다 말았다는 기사를 읽었다.

묻는 말에 즉답이 나와야 대권 후보가 될 자격이 있는지는 모르겠다. 사회자가 질문한 것을 보면 그 정도 재치와 자신에 대한 정리는 되어 있어야 하는가보다 생각할 뿐. 정치인이나 연예인같이 사회적으로 영향을 미치는 사람이라면 대답할만한 뭔가는 있어야 마땅할 것 같기도 하다.

자신을 한 단어로 표현할 수 있는 사람은 얼마나 될까. 내가 이와 비슷한 질문을 받았다면 어땠을까. 신문을 펼친 채 한참을 생각해봐도 나 역시 마땅한 한 단어가 떠오르지 않는다. 이런 비슷한 질문 앞에 말문이 막혔던 때가 언젠가 또 있었다. 좋아하는 음식이 무엇이냐, 좋아하는 과일이 무엇이냐, 좋아하는 음악이 무엇이냐, 그런 구체적인 질문을 받았을 때도 답을 못했다. 답이 있다면 그것을 종합해서 자신을 한 단어로 표현할 수 있지 않을까. 그래서 좋아하는 것들이 무엇인지 지금이라도 정리를 해두어야겠다. 대권후보가 되려는 것은 아니지만, 누구나 자기 색깔이 분명하면 좋을 것이다.

좋아하는 무엇은 어릴 때 접했던 것과 관계가 깊다. 어릴 때 접한다는 것은 주로 엄마를 통해서다. 지금이야 정보를 얻는 통로가 넘쳐나는데, 그때는 가족 안에서 그것도 엄마를 통해서였다. 지금도 엄마로부터 알게 된 것들을 기억하고 그리워한다. 내 아이들도 나만큼 구체적이진 않지만 내가 좋아하는 것들을 대체로 좋아한다. 아이들이 나만큼이 아닌 것은 정보가 너무 많은 탓이다.

나는 알싸한 맛이 나는 우렁쉥이를 좋아한다. 엄마가 게를 많이 팠을 때 장에 가서 사오는 유일한 것이었다. 또 열무 삼십 단을 이고 장에 간 날 사 온 복숭아는 내가 제일 좋아하는 과일이다. 봄에는 민물과 바닷물이 만나는 강에서 참게를 파서 팔았고, 여름에는 콩밭 고랑에 열무를 심어 장에 내다 팔았다. 그 맛을 잊을 수가 없다.

그래서 좋아하는 과일은 복숭아가 되었고 좋아하는 음식은 우렁쉥이 비빔밥이라고 말할 수 있다. 그렇다면 좋아하는 노래는 무엇일까. 아무리 생각해봐도 대답할 만한 한 가지가 떠오르지 않는다. 어릴 때 접했던 노래라고 해봐야 엄마가 부르던 나훈아의 노래뿐이다. 엄마의 곗날이 다가오면 호롱불 아래서 '물레방아 도는데'라는 노랫말을 받아 적었던 기억밖에 없다. 소풍 가서 불렀던 '바다가 육지라면'도 그렇고, 학교에서 음악 실기시험 보느라 벌벌 떨면서 불렀던 '그네', '선구자', '비목', 같은 것 중에 하나를 말하기는 싫다. 음악다방 디제이 박스에 밀어 넣었던 쪽지에 '당신은 나의 태양'이라는 팝송은 그런 사람이 있지도 않을 때라 큰 의미가 없다.

아이들 음악교육을 위해 클래식 CD를 할부로 들였으면서도 베토벤, 모차르트 음악 어느 것 하나 선뜻 입에서 나오지를 않는다. 분명 품위 있는 음악이기는 하나 그것을 정말 잘 알고 있는지 확신이 서지 않기 때문이다. 내가 아는 클래식 음악을 모조리 떠올려보아도 딱 하나를 집기가 어렵다. 얼마 전 어느 피아니스트의 연주회

장에서 들은 쇼팽 음악을 어릴 때 접했다면 아마 그것을 꼽기에 주저함이 없었을 것이다. 감동한 감정을 새겨 넣은 지가 얼마 안 되었는데 넙죽 그것이라는 말이 나오지 않는다. 음악은 좀 더 두고 생각을 정리해 봐야겠다. 신문을 덮고 라디오를 켰다. 주파수를 클래식방송에 맞추었다.

어릴 때도 분명히 라디오는 있었는데 유행가만 기억난다. 지금 흘러나오는 엘가의 '사랑의 인사' 같은 걸 그때 들었더라면 음악에 대한 귀가 좀 더 일찍 열렸을 텐데. 무라카미 하루키의 《1Q84》 같은 소설을 그때 읽었더라면 야나체크 음악을 찾아서 들어보았을 텐데. 그나마 지금이라도 클래식 음악을 좀 듣게 된 밑바탕은 그 소리 때문일지도 모른다.

콩나물시루에서 물 떨어지는 소리다. 그 소리는 3악장으로 연주되었다. 1악장은 짧았고 2악장은 웅장했다. 2악장은 덧 붓는 물의 양에 따라 아주 리드미컬한 음악이 되었다. 3악장은 쫄쫄 떨어지다 결국 똑, 똑, 똑 방울로 떨어지면서 연주가 끝난다. 콩나물시루의 물 떨어지는 소리에서 많은 영향을 받았다.

명절이나 제사를 앞두고 콩나물을 길렀다. 무싯날도 더러 콩나물을 길렀다. 콩을 물에 불려 무명수건을 덮어두면 움이 터 꼬리가 나온다. 꼭 올챙이 꼬리 같다. 꼬리가 나온 콩을 시루에 안치고 물을 반쯤 채운 자배기 위에 와이자 쳇다리를 걸치고 올려놓는다. 그리고 빛이 들어가지 않도록 검은 천을 씌운다. 쳇다리 끝에 작은 바가지를 엎어두고 들며 나며 물을 준다. 물을 많이 주면 콩나물이 썩어버리고 물을 적게 주면 잔발이 난다. 그 정도를 잘 아는 엄마가 콩나물시루에 물을 줄 때마다 들었던 소리다.

학교에서 돌아오면 빈집일 때가 많았다. 빈집에 들어서면 팽팽한 긴장감이 돌고 슬펐다. 그런데 가끔 콩나물시루에서 물 떨어지는 소리가 나고 있을 때가 있었다. 마무리가 되는 3악장이어도 위로가 되었다. 엄마가 밭으로 나간 지 얼마 안 되었다는 뜻이기 때문이다. 엄마의 체취를 느끼게 해주었던 콩나물시루에서 물 떨어지는 소리. 세상의 어떤 음악이 이보다 아름답고 위안을 줄 수 있을까.

봄날의 콩나물시루에서 떨어지는 물소리는 생동감이 넘쳤다. 여름에는 잠깐 더위를 잊게 할 만큼 시원하게 들렸다. 가을에는 애달프고 구슬펐다. 긴 겨울밤에는 아침을 마중하는 반가운 소리였다.

긴긴 겨울밤, 잠이 깼을 때 콩나물시루에서 물 떨어지는 소리가 들려왔던, 그 안도감을 정확히 기억하고 있다. 아무 소리도 나지 않는 밤중에 잠이 깼을 때 느끼는 적막함과는 비교되지 않는 따뜻함이었다. 엄마도 잠이 깨어있다는 증거이기도 했다. 잠이 들었더라도 깊은 잠이 아니라 내게 무슨 일이 일어나면 바로 달려올 수 있다는 뜻이기도 했다. 콩나물시루 주위에 남아있는 엄마의 체취만으로 뒷간 가는 것이 무섭지 않았다.

콩나물에 물을 주면 아래로 빠진다. 빠진 물을 일정 간격으로 다시 준다. 빠져버리는 것 같지만, 콩나물은 그 물을 먹고 조금씩 자란다. 어느새 알맞은 콩나물이 된다. 부모의 가르침은 이와 같다. 엄마의 딸이 되어 엄마의 영역 안에서 형성된 내 세상이 좋을 뿐이다. 그렇다고 좋아하는 음악을 콩나물시루에서 물 떨어지는 소리라고 할 수는 없다. 우렁쉥이와 복숭아와 콩나물시루에서 물 떨어지는 소리를 좋아하는 나는 누구일까. 물로 콩나물을 키우듯 사랑으로 자식을 키운 엄마. 나도 그냥 엄마다.

대권 후보가 되려는 사람이 뜻밖의 질문에 일격을 당했다니 좀 안됐다. 나는 공개적으로 망신당할 일 없으니 좋다. 그냥 흘러서 그 자리까지 온 것이 아니라면 지금쯤 자기를 표현할 한 단어를 찾지 않았을까 생각해 본다.

새물내

모처럼 도타운 겨울 해가 빨래에 새물내를 부리는 오후다. 색과 모양이 다른 다섯 가지 빨래를 집게가 잡고 있다. 일요일이면 으레 이불을 내어 너는 아랫집을 따라 오랜만에 빨랫줄을 닦았다. 팔락이는 빨래의 리듬에 맞추어 새들도 노래하고 춤춘다. 가슬가슬한 옷자락에 얼굴을 대고 그때를 생각한다.

엄마를 따라 빨래터에 갔다. 따뜻한 물도 귀하고 고무장갑도 없었다. 엄마는 연못 귀퉁이 빨래계단에 통을 내려놓고 방망이로 얼음을 깨고 큰옷부터 물에 넣기 시작했다. 손을 재바르게 움직이지 않으면 빨래가 얼어 장작개비같이 빳빳해지는 추운 날이었다. 엄마가 아버지 솜바지나 할머니 스웨터를 난 양말이나 손수건을 빨았다. 빨래를 끝낼 즈음에는 쇠죽솥에서 담아간 따뜻한 물도 얼음같이 차가워졌다. 발갛게 언 손을 엄마가 꼭 잡아 데워주었다.

겨울 해는 짧고 얇다. 두꺼운 옷은 이틀을 말려야 했다. 언 스웨터를 잘못 만지면 부러지기 때문에 빨랫줄에 걸려있던 형태 그대로 걷어 가만히 소쿠리에 담아 방안 고구마가마니 위에 올려두었다가 다음날 다시 내어 널었다. 무겁고 굼뜨게 통째로 움직이던 빨래가 오후 마지막 햇발에 나풀나풀 춤추듯 팔락이면 다 말랐다는 뜻이다. 그것을 걷어 팔에 안으면 알싸한 새물내가 났다. 걷은 빨래에 코를 묻고 한참을 엎드려있기도 했다.

우리 형제는 다섯이다. 누구는 엄마더러 딱 쓰기 좋게 자식을 두었다고 하나, 엄마는 끝으로 아들을 낳는 바람에 시집살이가 더 매웠다는 이야기를 자주 한다. 딱 쓰기 좋다는 건 그때보다는 지금 우리 집 형편에 어울리는 말이다. 집안일이 언니를 중심으로 돌아가는 걸 엄마는 흐뭇해한다. 그러면서도 맏이라는 이유로 부모님을 대신해 이런저런 일을 도맡아 하는 언니의 희생을 가슴 아파한다.

우리에게 늘 새물내 나는 옷을 입혀주었던 엄마의 총기가 예전 같지 않다. 작년 가을 무렵부터 엉뚱한 모습이 조금씩 감지되었다.

밥 먹을 때도 옷을 갈아입을 때도 장난을 쳤다. 어찌 보면 그동안 숨겨온 유머러스한 본성을 이제야 드러내는 것인가 착각이 들 정도였다. 이제 자식 걱정 내려놓고 엄마의 삶을 사는 것이겠거니 했다. 한구석으로는 엄마가 마음을 너무 놓아버린 것은 아닌가 하는

걱정이 슬며시 일어났다.

엄마에게 모자를 씌워주면 깡통까지 하나 들려주어야 구색이 맞지 않겠느냐며 각설이 타령 하는 시늉을 했다. '사는 게 별거더냐 욕 안 먹고 살면 되는 거지, 시곗바늘처럼 돌고 돌다가 가는 길을 잃은 사람아, 미련 따윈 없는 거야 후회도 없는 거야 아아 세상살이 뭐 다 그런 거지 뭐'라는 가사의 노래를 자주 불렀다. '가는 길을 잃은 사람아' 그 대목이 마음에 걸렸다.

걱정이 현실이 될 수도 있다는 불안감에 생각을 모았다. 엄마를 위한 시간을 내기로 했다. 조카들에게는 양해를 구하고 연말 가족 모임에 우리 다섯 형제자매만 모였다. 엄마를 웃게 할 몇 가지 스토리를 만들고 엄마에게 들려드릴 멘트도 준비했다. 동생은 엄마가 새댁이었을 때부터 지금까지의 사진을 모아 다큐멘터리 영상을 만들어왔다. 엄마 손을 잡고 나란히 앉아 그 영상을 봤다. 엄마는 때마다에 얽힌 이야기를 하고 우리는 장단을 맞추었다.

우리는 엄마의 부지런한 손끝에서 철이 들었다. 엄마가 우리를 깨끗이 빨아 새물내를 입혀 되돌려놓는 수많은 과정으로 단단해졌다. 우리가 가는 길에 행여 굴곡이 있을까 살피고 돌보느라 손톱이 다 닳았다.

지금도 우리는 각자의 삶터에서 어려움에 부딪히고 넘어져 후줄

근해지면 엄마에게 달려간다. 엄마에게는 사느라 때 탄 자식을 깨끗하게 돌려놓는 힘이 있다. 우리를 형제자매라는 빨랫줄에 널어 엄마의 사랑이라는 집게로 단단히 붙잡아준다. 엄마를 만나고 돌아오면 새물내 품은 옷처럼 한동안 보송보송하다. 그 여운으로 세상 속에서 마음껏 나부낀다.

엄마는 아직 할 일이 많이 남았다. 양지쪽에서 해바라기도 하고, 따뜻한 아랫목에도 앉아 무릎 위에 책을 올려놓고 돋보기를 코에 걸고 더듬더듬 글을 읽고, 눈이 시려지면 라디오에서 나오는 노래를 따라 불러야 한다. 천천히 산책도 해야 하고, 돌아오는 길섶 노란 민들레에 눈도 맞추어야 한다. 엄마가 살아온 세월을 아름답게 추억해 볼 시간이 아직은 남았으리라.

자식에게 새물내 입히는 방법을 알고 있는 유일한 사람 엄마.

아버지의 노란 두루마기

한 광고에는 매년 크리스마스를 혼자 맞이하는 아버지가 등장한다. 그 아버지가 "내년에는 꼭 갈게요."라는 뻔한 거짓말을 하는 자식들에게 자신의 거짓 부고를 낸다. 슬픔에 찬 자녀들이 하나둘씩 모여든다. 그들 앞에 펼쳐진 건 장례식 대신 만찬 테이블이다.

광고에 등장하는 아버지처럼 거짓 부고였다면 얼마나 좋았을까. 그랬다면 부른 배를 안고 다음에는 좀 적게 먹어야지 하면서 돌아왔을 텐데. 아버지는 그렇게도 못하시고 진짜 돌아가셨다. "다음에 갈게요." 같은 말, 이제 하지 않아도 된다.

일찍 내린 첫눈으로 노란 감국 몇 송이마저 맥없이 고개를 숙여 버린 이틀 뒤, 아버지가 돌아가셨다는 연락이 왔다. 그 순간 아버지의 손을 잡고 있지 않다는 사실에 가슴이 덜컥 내려앉고 팔다리가 후들거렸다. 어쩌나 어쩌나 우리아부지 어쩌나를 중얼거리며 한 십 분이나 왔다 갔다 했을까, 이내 잦아들었다.

집 정리를 했고 연달아 내복을 챙겨 가방에 넣었다. 한심하기 짝이 없다고 생각하면서 차를 타고 안전벨트를 맸다. 멍하니 검은 도로만 응시하다 차차 든 생각이라고는 덕유산 근처의 도로가 얼지는 않았는지 멀리 사는 동생네가 비행기 표는 구했는지 정도가 다였다.

장례식장에 도착했다. 3층 3호실 앞 전광판에 아버지 성명 밑으로 우리 이름이 흐르고 있었다. 언니랑 막냇동생네만 빈소에 모여 앉았다. 새벽에서야 아버지의 영정이 모셔졌다. 아무것도 할 수 있는 게 없으니 아버지의 노란 두루마기와 제단에 차린 꽃 색이 참 조화롭다는 생각이나 하게 되었다.

아버지는 만년 청년이었다. 색으로 나타낸다면 마치 노란빛과 연둣빛 사이 구운 풋보리 그쯤의 색. 아버지는 무형문화재 '가산오광대'에서 어떤 역할을 했는데, 그때 꼭 구운 풋보리 정도의 색 두루마기를 입고 연기를 했다. 그 색이 생전 아버지 모습을 압축해 놓은 듯 잘 어울렸다. 노란 두루마기를 입은 아버지의 모습은 어려움이 있을 때마다 불러낼 어떤 온화한 이미지로 자리 잡게 되었다.

아버지는 아침이면 방마다 이불을 개고 비질을 했다. 어린 우리에게 따뜻한 세숫물과 수건을 준비해주었다. 여러 가지 아침 일을 천천히 했다. 밥상의 밥이 식도록 아버지는 거울을 들여다보면서

머리를 빗어 넘겼다. 오른쪽 가르마를 중심으로 숱이 많아 소복한 머리가 아주 단정해질 때까지 거울 앞에 머물렀다. 속 타는 엄마의 푸념이 한 차례 지나고서야 빗을 내려놓고 밥상으로 왔다.

엄마의 말대로라면 아버지는 해가 중천일 때 밭으로 나갔다. 밭머리에 지게를 세워두고도 일을 시작하지 않았다. 밭둑에 난 삐삐를 뽑아 연한 연둣빛 속살만 한주먹 모아 자식들 손에 올려주고서야 낫을 들었다. 보리밭 가에서 아버지가 구워 손바닥에 올려준 풋보리, 풋 밀의 색을 잊을 수 없다. 그건 어떤 보석의 광채였다. 펜으로도 붓으로도 그 보석의 색을 표현할 수 없다. 많고 많은 색 중에 아버지가 노란 두루마기를 입게 된 것도 우연은 아니란 생각이 든다.

아버지는 몸과 마음이 풋보리처럼 연한 사람이었다. 막걸리 몇 잔에 흔들리는 체력이었으니 온종일의 노동을 버텨내기란 참으로 힘들었을 것이다. 언제나 점심 휴식이 필요했던 아버지는 시에스타가 있는 스페인에 태어났어야 했다. 나는 아버지의 존재를 가족을 위한 노동에서가 아니라, 그 외의 시간 속에서 더 뚜렷하게 느낄 수 있었다. 팽이를 만들어 돌리는 시범을 보여준다든지, 군고구마를 뜨겁지 않게 호호 불어 손에 잡혀준다든지, 노랗고 푸른 많은 장면이 아버지의 휴식 시간 속에서 만들어졌다.

트로트 붐이 일어난 요즈음 아버지가 더욱더 그립다. 젊은 시절 아버지는 라디오에서 나오는 노래 가사를 받아 적어 엄마 손에 쥐여 주고 저녁이면 같이 노래 실력을 갈고닦았다. 해마다 가을걷이가 끝난 후 부부동반 모임을 앞두고 하는 연례행사였다. 엄마 아버지는 농사일에는 의견이 분분했는데 노래 연습할 때는 합이 맞고 다정하기만 했다. 그렇게 좋아했던 노래를 매일 방송으로 보고 들을 수 있는데, 아버지는 없다. 장단 맞출 상대가 없어서인지 엄마도 노래를 예전처럼 흥미로워하지는 않는다.

올해도 일찍 눈이 내렸다. 아직은 자리를 내어 줄 때가 되지 않은 감국 위에 쌓인 눈을 툭툭 털어내어 본다. 그때도 일찍 눈만 내리지 않았더라면, 그렇게 서둘러 아버지의 계절을 겨울에 내어주지 않아도 되었을 텐데. 더 자주 더 많이 아버지와 시간을 보내지 못한 것이 아쉽기만 하다. 아버지는 연둣빛 풋보리 알 같은 사랑을 내 가슴에 새겨놓고 가셨다. 날이 갈수록 불행했던 저녁은 사라지고 행복했던 아침만 되살아난다.

디딤돌 걸림돌

새로 지은 집. 하얀 벽과 빨간 지붕이 대숲에 싸여 그야말로 언덕 위의 하얀 집이다. 그 집 마당에 연못이 있어 지날 때 가끔 들여다본다. 금붕어들 노는 꼴이 어릴 때 골목에 놀던 내 모습 같아 들여다보는 재미가 쏠쏠하다. 돌 틈으로 몰려다니는 금붕어를 보고 있으면 시간 가는 줄 모른다.

원래 돌이 많은 땅이었다. 집터를 다듬을 때 대부분 돌은 실어냈는데 연못이 있는 자리 돌은 그대로 두었다. 여러 가지 수단으로 파내려고 애쓰다 그만두고 일단 집을 짓는 것 같았다. 집 짓는 내내 돌 걱정을 했다. 그런데 마지막 정원을 만들 때 빼내지 못한 돌

을 중심으로 연못을 꾸몄다.

연못 속의 돌이 어찌나 자연스러운지 볼 때마다 잘했다는 생각이 든다. 돌에 파인 골로 물이 흘러내리게 장치하고, 뒤 움푹 들어간 곳에는 소나무를 심었다. 길 쪽으로는 편편한 돌을 놓아 연못을 들여다볼 수 있게 해놓았다. 지금은 돌에 적당히 이끼가 끼어 어느 산골짜기의 작은 폭포를 연상케 한다.

연못을 들여다보고 있으면 내가 안고 있는 돌을 어디에 내려놓을까 궁리하게 되고 번쩍 아이디어가 떠오르기도 한다. 돌을 안고 고민하는 사람이 있다면 같이 이 연못을 들여다보면서 연못의 내력에 대해 말해주고 싶다.

지금, 이 순간

무심코 지난 하루가 특별한 날이 되어 돌아왔다. 시간을 돌이켜볼 일이 생겼을 때를 대비하면서 살지는 않지만, 이번 일로 허투루 살아도 되는 날은 없다는 걸 생각한다.

누구를 만나거나 어떤 일을 하거나 마찬가지다. 그 순간에 할 수 있는 무엇을 해야 한다. 그것이 나에 대한 또 상대에 대한 예의다. 부끄럽지만 않으면 다행이다가 아니라 되도록 따뜻하게, 그때 참 잘했다고 돌이킬 수 있게 말이다. 어느 순간 나에게 또 너에게 무슨 일이 일어날지 아무도 모른다. 몰라도 아는 것처럼은 살 수 있다. 나 또는 네가 이 시간 후에 세상에 없을 수도 있다는 전제는 해볼 수 있기 때문이다.

불과 두어 달 전에 뵈었던 분이 그새 돌아가셨다는 말에 깜짝 놀랐다. 사람 일은 정말 알 수가 없다. 지인이 그의 엄마를 모시고 우리 집에 왔었다. 시장 구경하고 돌아가는 길에 들렀다고 했다. 그저 같이 차를 마시고 사는 이야기를 나누었다.

그것으로 특별한 전화를 받았고, 그날을 돌이켜 보게 되었다. 엄마를 보내드리고 나니 주위 사람들이 그렇게 고마울 수가 없더라는 지인의 전화는 어떻게 살아야 하는지를 일러주는 메시지 같았다. 지금, 이 순간이 모여 생애가 된다. 소홀해도 되는 날은 없다.

심심하고 싶은

가지나물은 심심하지만, 시골 생활은 심심하지 않다.

가끔 심심하지 않으냐는 질문을 받을 때가 있다. 설명을 곁들여 대답해야겠지만 한두 번 받는 질문이 아니다 보니 입이 좀 아플 때가 있다. 어떤 대답도 설득력이 없다는 걸 안다. 같은 조건, 시간을 살아보아야만 얻을 수 있는 대답이지 않을까 한다.

시골에서는 동시다발적으로 일이 일어난다. 남쪽 마당에서 지인과 커피를 마시는 사이 누군가가 북쪽 창을 두드리는 식이다. 마당의 풀을 뽑다 고개를 들면 마당 끝 나무 밑에 뱀이 기어가고 있는 식이다. 심심해야 좋은 생각을 하게 되는 나 같은 사람은 늘 심심할 날을 기다린다. 도시 아파트에서 살 때도 심심한 시간을 기다렸다. 좀처럼 심심한 시간이 나지 않을 때는 더 심심산골로 들어가면 어떤가 하는 생각을 해볼 때도 있다.

시골집은 한담 나누기 좋은 차분한 카페 같을 때가 있는가 하면 잔칫집처럼 왁자그르르할 때도 있다. 촛불로 수놓았던 광화문광장 같기도 하고, 플래시몹 연주로 헨델의 메시아가 울려 퍼지는 스페인광장 같기도 하다. 이처럼 다채로운 생활을 두고 심심하다고 말한다면 시골 생활에 대한 예의가 아니다.

시골에서는 혼자 조용한 시간을 누리고 싶으면 문을 걸어 잠그고 소리를 죽여야 한다. 실제로 웬만해서는 문을 걸어 잠그거나 음악 소리를 줄이지는 못한다. 마음만 그렇다는 것이다. 만약 내가 다시 도시로 간다면 그건 조용히 살고 싶고 혼자의 시간을 많이 확보하고 싶어서다.

심심하지 않으냐는 질문에 '심심하지 않다'가 아니라, 때로는 '심심해지고 싶다'라고 답하는 게 맞지 않을까 한다.